人大·档案·记忆

中国人民大学档案馆◎编

李　惠◎主　编
蒋利华◎副主编

中国人民大学出版社
·北京·

前　言

中国人民大学“在我国人文社会科学领域独树一帜”（2017年，习近平），其前身是1937年在延安成立的陕北公学，以及后来的华北联合大学和华北大学。1949年12月，中央人民政府决定以华北大学为基础，成立中国人民大学。1950年10月3日，中国人民大学举行开学典礼。从“中国不会亡，因为有陕公”（1938年，毛泽东）到“按照中国人民大学的样子来办”（1950年，刘少奇），中国人民大学为我国哲学社会科学的发展和繁荣，为社会主义革命、建设和改革事业做出了重要贡献，被誉为“我国人文社会科学高等教育领域的一面旗帜”。

中国人民大学档案馆成立于1954年3月，是新中国最早成立的高校档案馆。馆藏档案包括陕北公学、华北联合大学、华北大学、北方大学、中国人民大学各主要历史时期不同载体的档案19万卷。这些档案真实记录了中国人民大学及其前身时期“始终与党和国家同呼吸共命运”的责任与担当，记录了人大师生“始终奋进在时代前列”的光荣与豪迈。作为中国共产党亲手创办的第一所新型正规大学，中国人民大学在新中国高等教育体系中，无疑具有独特而重要的地位，从这个角度看，馆藏档案也成为中国共产党创办高等教育的理论与实践的珍贵史料。

本书是2017年9月出版的《人大·档案·记忆》第一辑的继续，时间上仍然以20世纪50年代中国人民大学命名组建初期为节点，精选近百份馆藏档案，以档案人的视角进行解读，希望通过档案这一真实、原始的记录，回顾那段充满创业激情的岁月，不忘初心，汲取继续前行的力量。本书沿用第一辑体例，所有文章均由我馆人员撰写，独立成篇，为保持文章的逻辑完整，对于部分文章重复采用的重要史实，没有做硬性删减或统一；文中所依据的档案，均出自我馆馆藏，大部分为原件，也包括少量抄录件和图片；本书定位于档案解读，不属于全文公开，如需查考研究，仍以档案原件为准。

“人事有代谢，往来成古今”。时代走远了，年华老去了，幸好，还有档案。

编者

2019年2月

目录

行政会议及其他 /1
中国人民大学教学经验讨论会召开始末 /9
聘请苏联专家工作的经验总结 /17
吴玉章校长对学生的两次讲话 /29
命名组建初期中国人民大学中心任务的确立 /37
中国人民大学与国家部委合作和联系的开端 /41
有朋自远方来 /49
临别肺腑言 /57
校部行政管理机构的设置 /65
早期研究生培养 /71
“老大哥”送来的教学法 /77
马列主义理论教师的培养 /87
俄文专业人才培养溯源 /93
体育教学与群众性体育运动 /103
中国人民大学第一个档案管理办法 /111
方兴未艾：建校初期的人大图书馆 /117

构筑一个时代的学术记忆　/123

从速成中学到人大附中　/133

校徽历史谈　/139

述校址变迁，品时光印迹　/145

图录　/152

行政会议及其他

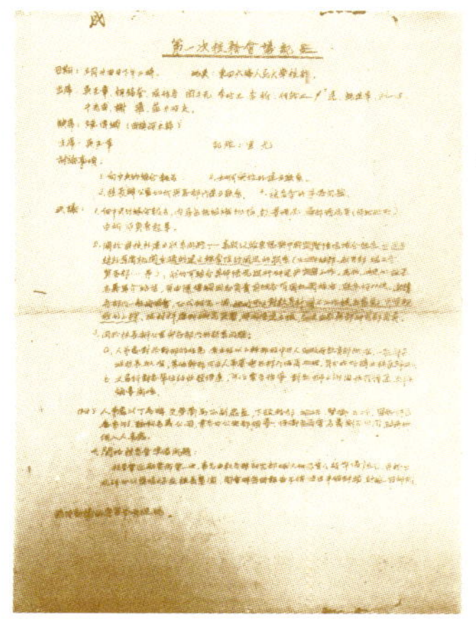

第一次校务会议记录
档号：1950-XZ11-XB-15.0001

校行政会议是学校最高行政决策会议，研究事关学校发展的重大原则性问题，是学校校长负责制领导体制的体现。1950年全年召开行政会议28次，吴玉章校长出席并主持了22次，吴玉章校长因故缺席时由副校长胡锡奎或成仿吾主持。校行政会议原名“校务会议”，“因与校委会之名称易相混淆”，1950年5月12日召开的第7次校务会议上决定更名为“校务行政会议”，此后的馆藏会议记录多简称为“行政会议”。为行文方便，本文统一使用“行政会议”之名称。

一、第一次行政会议

第一次行政会议于1950年3月24日在位于东四六条38号的校部会议室召开，吴玉章任会议主席（即主持会议），出席会议的人员有胡锡奎、成仿吾、阎子元、李培之、李新、何干之、尹达、鲍建章、刘一心、于光甫、谢飞、苏联顾问菲力波夫。本应参加会议的还有陈传纲，他因“讲课未归”缺席。陈是北平解放后受华北人民政府指派负责接管朝阳大学的三人之一，随后在中国政法大学与华北大学、华北人民革命大学共同组建人民大学时，进入人民大学工作，不久即调往复旦大学。关于会议的名称和性质，吴玉章在发言中说：“这个会名之为行政会议或校务会议，可以研究；它小于校委会，会议要决定学校大的问题”，“以此会议为领导的核心”。经过讨论，决定会议名称为校务会议，参加人员为校长，副校长，教务部、研究部、行政事务部正副主任，校长办公室正副主任，（机关）党委书记和苏联顾问。从会议的性质来看，行政会议等同于现在的校长办公会，只是当时学校实行“三长制”，只有三位正副校长，主要工作通过教务部、研究部、行政事务部开展，三个部的正副部长在学校的地位举足轻重，参加行政会议是必然之选。加之学校特有的本科、专修科并举的办学格局，很快出席人又增加了专修科正副主任和图书馆主任。第一次行政会议正式议题有四个：（1）向中央做综合报告。内容包括机构变动、专修科筹备情况、精简人员、缩小学工比例和本校各领域管理干部的状况等。根据记录内容分析，应是学校自3月初正式开课以来的一次例行的工作汇报，因苏联专家没有悉数到位，和综合报告同时提交的还有以吴玉章名义给刘少奇的信函，建议派菲力波夫专程回莫斯科招聘教师来校任教。（2）与政府机关建立联系。为贯彻学校“教学与实际联系，苏联经验与中国情况相结合”的办学方针，会议认为，“必须与校外有关机关分头的建立经常性的固定的联系（如财经部、教育部、总工会、贸易部等）”，这样一来，“我们可结合具体情况进行研究与实习工作”，而它们则“可以对教育计划与工作提出意见，并帮助我们上课，搞材料，进行研究实习”。会议认为事不宜迟，决定以吴玉章校长名义写介绍信，委托陈传纲前往各有关机关接洽。（3）校长办公室与各部门的联系问题。会议明确了不同层级干部的任免主体，系主任以上干部经教育部批准，一般科长经校长批准，其他干部由人事处与干部所在部门协商办理。（4）筹备校委会。菲力波夫建议校委会参会人员除行政会议人员外，还要有各系主任、各研究室主任、主要教员、图书馆主任、团委书记、工会代表等，会议要听取学校工作的报告。校委会每个月召开一次，任务是群策群力，“帮助校长完成人民大学的任务”。会议决定近日就要召开一次校委会，由教务部、研究部、俄文教研室各做一个报告。

本次行政会议还讨论了一些临时动议，虽然不属于重大原则问题，但是与会人员的态度、会议采取的措施，却反映了人民大学这所从艰苦战争环境中成长起来的学校师生平等的传统、艰苦奋斗的作风和为国分忧的情怀。会议强调了健全制度的迫切性，成仿吾说，“工作制度现在有些混乱，学生叫苦。我们要有制度，制度要简便，要有为学生服务的观点”，吴玉章表示赞同，具体提议：“有些东西的领发，要到学生中去。”鲍建章汇报了修深塘计划不可行，因为经费投入太大，既然通过修建深塘改善、美化校园环境不现实，怎样丰富学生生活呢？会议决定多放电影，由原计划每月两场改为每个星期两场。与会人员都对经费短缺感到头疼，“学校刚刚成立，许多必要设备未搞”，“研究室没有书，不能工作”，学校不得已预支了部分吃饭的钱用于办学。尽管如此，会议还是一致认为“应把经费用到主要方面，分开轻重缓急”，“教育部以全经费的五分之一供给我校，我（们）必须节省”。

二、行政会议与集体办公会

集体办公会早于行政会议，是华北大学集体办公会议制度的延续。在行政会议机制建立后，集体办公会仍然存在并发挥巨大作用，是行政会议决议切实落实和学校日常工作高效进行的重要保障。第一次以人民大学名义举行的集体办公会，是在1949年12月31日，也就是政务院做出成立中国人民大学之决定两个星期后，地点也是在东四六条38号会议室。出席人员有吴玉章、范文澜、成仿吾、胡锡奎等13人。值得注意的是，会议记录本沿用了华北大学集体办公会议记录本，大多数与会者的名字以前即有出现，来自华北人民革命大学的胡锡奎的名字是第一次在学校重要会议记录中出现，而此时华北大学副校长范文澜尚未调往中国科学院历史研究所。会议的召开正值人民大学筹备的紧张阶段，成仿吾向会议报告了筹备进展，包括合并政法大学、由于接待能力不足导致苏联教员缩减、招生数缩减、专修科生源等问题。由成仿吾报告筹备进展，也从一个侧面说明了人民大学是以华北大学为基础、合并其他两

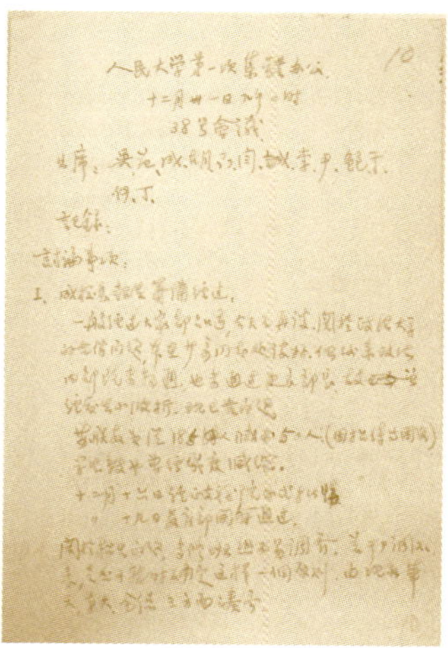
人民大学第一次集體办公
38号会议

第一次集体办公会议记录
档号：1951-XZ11-XB-38

所学校组建起来的。1950年3月20日举行的集体办公会做出决定，学校的决策机构有两个层级，即行政会议和校委会。这次会议直接决定了行政会议这一最高领导决策机制的产生，集体办公会职能转变为落实行政会议决议。3月24日，吴玉章即主持召开了前文所述的第一次行政会议。

由于集体办公会和行政会议并行，且与会人员时有交叉，会议议题有时难免重复。为此，5月26日的第9次行政会议专门强调了两个会议的关系，“今后必须把校行政会议及集体办公的性质明确分开”，“校行政会议主要解决大的原则性的问题，办公会则解决在行政会议决定的原则下的一些日常具体问题。行政会议不讨论琐碎的具体事项，办公会议上亦不作原则决定，以及改变行政会上之决议”。

通过一段时间的协调运行，行政会议和集体办公会各司其职，从会议召开的频率和会议记录内容之丰富程度上，不难看出建校伊始，校领导班子同心同德攻坚克难，在建设社会主义新型正规大学进程中付出的艰辛、展现的智慧以及创业的豪情和令人瞩目的成就。行政会议初时每周一次，自第23次以后改为每两周一次，暑假期间也不间断。年逾古稀的老校长吴玉章，主持了全年28次行政会议中的22次，10月3日第一次开学典礼、科学会议、教学会议、校委会、与政府机关建立和保持密切联系、教学计划、新校舍、教授评定条件、各项规章制度、机构设置与干部调配等等，学校一应重大决策的出台，均可以通过会议记录得以还原。

三、行政会议与校委会

根据第一次行政会议的决定，第一次校委会于1950年4月6日召开。吴玉章首先发表了讲话，“今天会议上要解决的主要问题是教育计划问题。以安德里昂诺夫同志为

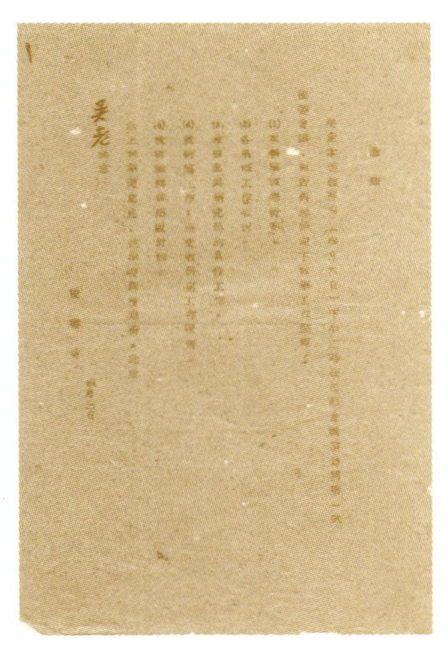

关于召开第一次校委会给吴玉章的会议通知

档号：1950-XZ11-XB-14.0001

首的苏联专家同志们，一来到北京，在最热的天气下[①]，立即开始了工作，现已拟了一个完整详细的教学计划。这个计划，是根据苏联建设的丰富经验和最新的科学成果，并结合中国的实际需要而制订的。它把马列主义理论、业务原理和专门业务技术密切地结合在一起，而又有步骤有计划地循序渐进进行学习”。吴玉章重申学校的三项任务，即“培养国家建设工作的专家、提高在职干部的业务水平、培养大学师资”。吴玉章指出，必须正视我们面临的困难：“1. 教学力量薄弱，中国教员无论数量质量都很差，翻译人员更不敷用。2. 学校连最必需的设备也不够，例如教师、宿舍、办公地址都不够用，实验、实习设备尚在筹划中。3. 学生政治质量虽然不错，但文化水平一般较低”。吴玉章号召全体同志“发挥高度的积极性与创造性，努力完成工作任务”。会上，成仿吾汇报了教务部与研究部的工作任务、教研室的工作任务，教务部副部长李培之、李新汇报了教务部本学期教育计划及各系、专修班的工作概况，研究部副部长尹达汇报了教材编译与出版计划，俄文教研室苏联专家契维克娃则就俄文教学法做了报告。

会议就本学期教育计划、本科系主任工作任务、加强编译室翻译人员马列主义教育、提高业务水平、出版工作任务等事项做出决议，规定校委会每月举行一次。关于校委会与行政会议之间的关系，会议指出，“加强行政会议的领导，及时解决学校中的重大问题；通过校委会，研究讨论教学方针计划，审查总结各系与教研室工作；我校是校长负责制，也是民主集中制，全体干部须积极提出意见，改进工作。我们的工作作风是：实事求是、谦虚谨慎，反对教条主义、经验主义、自由主义、个人主义与无组织无纪律的现象发生，保持艰苦朴素、认真负责的光荣

① 指1949年8月。

传统精神，要建立各种制度，严格遵守纪律，完成上级交给我们的光荣任务”。

行政会议和校委会同为学校决策机构，会议范围和职责不同，目的都是为了保证学校办学目标的实现，行政会议是校长负责制的体现，校委会是民主集中制的反映。二者的关系，在《中国人民大学校刊》创刊号清样中有更为详细的记载[①]。从中可以看出，校委会职责集中在具体的教学研究与人才培养方面，而行政会议除此之外，还包括教育方针、人事和机构、财务等，摘录如下：

校行政会议由校长主持与领导。参会者：校长、副校长、各部部长、图书馆主任、党委书记、校长办公室主任、专修科主任；必要时得由校长指定副部长、副主任及有关干部参加会议。

行政会议的职责：（1）讨论和决定关于全校教育行政方针和工作计划中的各种原则问题；（2）检查教学进程与课程标准，加强教学的指导；（3）讨论关于全校组织机构的变动与学工人员的配备与调动问题；（4）制定与审核全

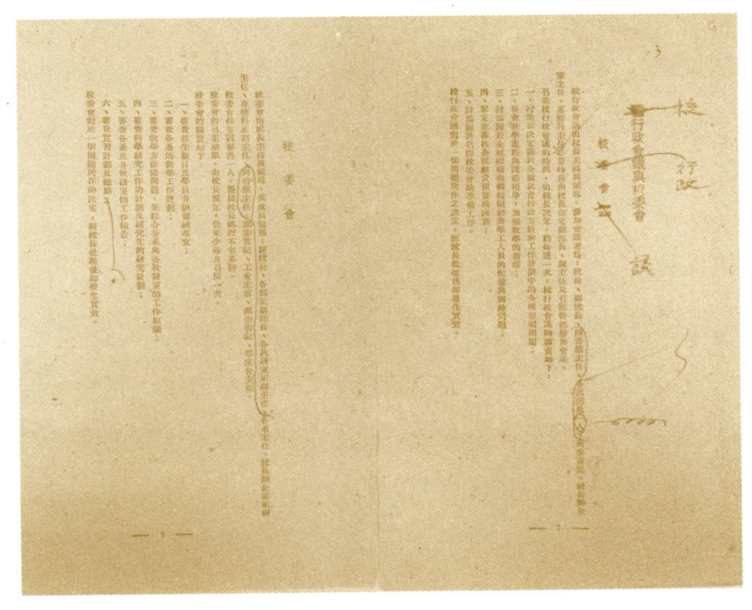
行政會議與校委會

校委會

《中国人民大学校刊》创刊号（清样）
档号：1951–XZ11–XB–20

① 正式印制刊发的《中国人民大学校刊》创刊号并未收入此文。

校经费预算与决算；（5）讨论召开校委会的准备工作。

校委会由校长主持与领导。参会者：校长、副校长、各部正副部长、各教研室正副主任、图书馆主任、各系主任、校长办公室正副主任、专修科正副主任、党委书记、工会主席、团委书记、学生会主席。校委会职责：（1）审查招生数目及学员升级留级事宜；（2）审查各系教学工作计划；（3）审查教学方法诸问题，并综合各系与各教研室的工作经验；（4）审查科学研究工作的计划及研究生的研究计划；（5）审查各系及各教研室的工作报告；（6）审查实习计划及总结。

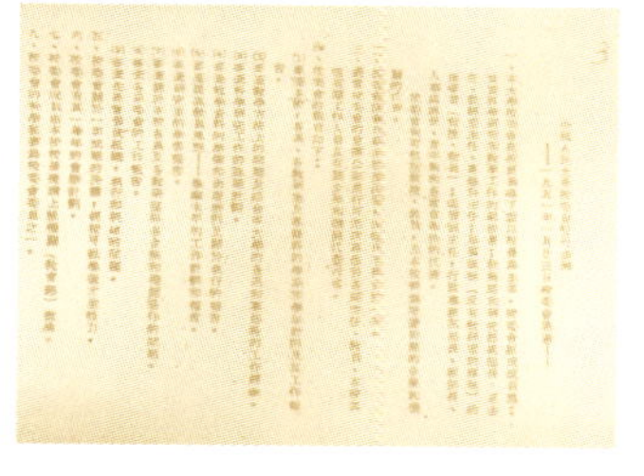

中国人民大学校委会暂行条例
档号：1951-XZ11-XB-29

1951年1月23日，学校正式颁布了校委会暂行条例。除上述规定外，条例扩大参会人员的范围至单独课程（没有教研室的课程）的指导者、人事处处长，还可以包括教授、教员，以及本校特为培养干部的企业和机关的代表。会议公开进行，可邀请专修科各班主任、教员、本校其他有关工作人员及有关企业和机关代表列席。条例对校委会职责也进行了增加：审查教学资料的准备和出版计划及关于执行的报告、审查提高教员思想—理论水平的工作计划和报告、审查本校各系及各教研室与各企业和机关协作的问题、审查各系委会的工作报告。

以行政会议、集体办公会、校委会为标志，学校逐渐建立健全了适应校情的一整套完备、高效、协调的会议制度，既贯彻了校长负责制，保证了领导核心的决策权威性，又重视集体智慧，充分调动广大教学管理骨干的积极性，教学科研、人才培养、校园建设等学校中心工作迅速走上正轨，也为学校管理奠定了坚实基础。时至今日，这些会议制度，仍然以党委常委会、党政联席会、校长办公会、校领导主持的各种专题会、校务委员会等形式，在学校日常管理和事业发展中发挥着至关重要的决策和推动作用。

（李惠）

中国人民大学教学经验讨论会召开始末

1949年12月23日至31日召开的第一次全国教育工作会议提出："建设新教育要以老解放区新教育经验为基础，吸收旧教育某些有用的经验，特别要借助苏联教育的先进经验。"中国人民大学是最早被指定的学习苏联高等教育经验的两所高等院校之一[①]，经过三四年的办学实践，成为苏联教育经验与中国实际相结合的样板。1954年4月12日至20日，高等教育部召开中国人民大学教学经验讨论会，来自全国100多所高等院校及各地党委宣传部和教育局的干部参加了会议。会议上中国人民大学的教员和管理干部做了从教学、科研到教学组织运作的一系列经验报告。高等教育部副部长杨秀峰要求各院校参考中国人民大学的经验，结合自身情况制定奋斗目标和具体计划，加强马克思列宁主义教育、提高教师业务水平、贯彻教学计划、做好教研组工作、逐步改革组织机构与制度等。

中国人民大学教学经验讨论会规模大、时间长、影响范围广，其准备工作也是一个耗时较长的过程。1953年春天，高等教育部提出要召开教学经验讨论会，以推广中国人民大学学习苏联的经验。2月28日，中国人民大学校长办公室戈平把邹鲁风副校长的《系、教研组培养师资和科学研究工作的总结提纲》紧急打印了五份，交与马纪孔、崔希默、罗俊才、宋涛共同商议拟定。3月初，检查马列主义教研室培养研究生工作的提纲、教研室工作总结提纲等相继提上议定日程。3月18日，中国人民大学发布了《关于中国人民大学教学经验座谈会准备提纲》。该《提纲》称："根据中央高等教育部的指示，拟于五月下旬召开教学经验座谈会，届时将由全国财经、政法及综合大学等类高等学校参加。为了把这个座谈会开好，必须采取重点总结的方针，集中时间与精力，解决几个主要问题，并决定进行以下的准备工作。"一是总结项目：（1）如何贯彻

① 另外一所为哈尔滨工业大学。

教育方针。（2）教学方法和制度。（3）如何进行政治理论教育。（4）系和教研室如何进行工作。（5）如何培养研究生。（6）苏联高等学校培养研究生的制度和办法。（7）党团如何进行工作。（8）学校行政机构研究。二是成立教学经验座谈会筹备委员会。《提纲》中还具体安排了相关总结材料的准备工作，并要求5月15日前将所有报告准备好，校正好。《提纲》发布后，各系、各教研室、教务部、研究部等立即着手进行总结工作，各部门几易其稿，工厂管理系因《工管系检查与总结工作计划》订立得较为明确具体，由校长办公室打印了85份，分发各系、部参考。5月份，校领导与苏联专家高尔尼洛夫就教学经验交流会上的报告内容进行了细致交谈，专家详细阐释了教学计划、教学大纲以及教学过程中是如何做到理论联系实际的，介绍了教员和学生联系实际的具体方法及二者在教学过程中的结合方式。在这篇谈话记录中，校长提到高等教育部预定于1953年10月召开教学经验交流会。

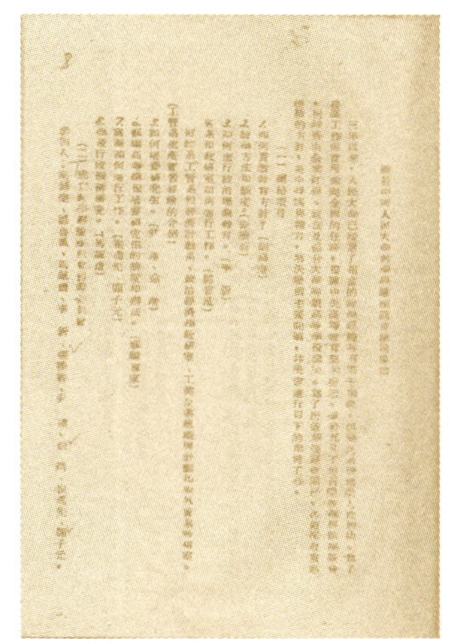

《关于中国人民大学教学经验座谈会准备提纲》
档号：1953-XZ11-XB-32

1953年10月4日，中国人民大学举行了命名组建三周年庆典，朱德副主席和高等教育部黄松龄副部长参加庆典并发表了重要讲话。朱德副主席肯定了中国人民大学三年来取得的成绩和经验，“在过去的三年中，中国人民大学在中国共产党和中央人民政府的正确领导下，在苏联专家的热诚的、无私的指导和帮助下，在全体师生的共同努力下，在把产业工人、革命干部和革命知识分子培养为国家的高级建设人才的工作中，是取得了成绩和经验的。希望全体师生继续努力，进一步提高政治理论水平，提高教学质量，提高学习的积极性，为国家造就更多的高级建设人才”。黄松龄提出：“中国人民大学是全国最新型的大学，中国人民大学的教育方针、方向也是全国高等学校的教育方针和方向。”黄松龄肯定了在吴玉章校长带领下和苏联专家帮助下的中国人民大学已成为全国高等学校学习

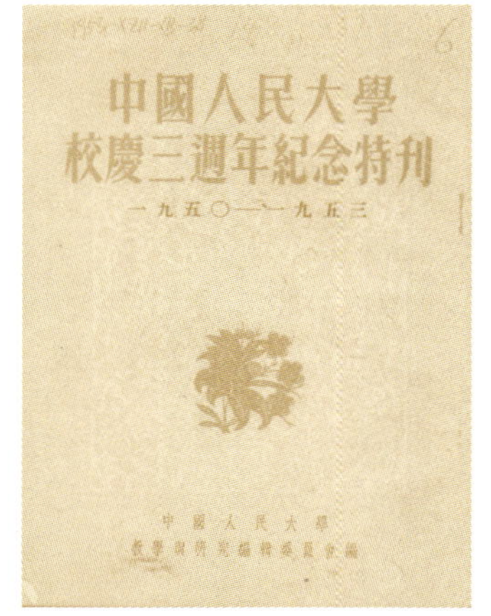

《中国人民大学校庆三周年纪念特刊》封面
档号：1953-XZ11-XB-38

的榜样，希望中国人民大学继续培养人才，帮助其他高等学校向新型大学前进。

从1953年初布置各项专题总结工作到当年10月，经验交流会各项报告已基本成形，结合三周年校庆的契机，中国人民大学教学与研究编辑委员会编写了《中国人民大学校庆三周年纪念特刊（一九五〇—一九五三）》。在这本特刊中，吴玉章校长、胡锡奎副校长、邹鲁风副校长分别总结了学校命名组建以来的工作成绩、培养产业工人与革命干部为高级建设人才的方法和道路、中国人民大学教研室的建立与发展情况。除此之外，各机构负责人分别就学校机构开展工作的情况进行了总结。

为了较深入地摸清情况，1953年11月，高等教育部会同中央政法委员会、北京市委，选调二十多人组成“中国人民大学检查组”，对人民大学进行了历时三周的工作检查。在检查组到来之前，学校办公室准备了若干材料：第三学年综合报告、十月份综合报告、各项统计表（人数、成绩、考勤等）、组织系统表、以往总结性文件（三周年校庆特刊，各部、系、直属教研室总结，党团及其他团体总结）、校刊及周报。在审阅文字材料的基础上，检查组还召开了系主任、直属教研室主任、教务部、研究部、党团等一系列座谈会，并参观了三周年校庆展览。此次检查工作以国民经济计划、工业经济、法律三系和马克思列宁主义、政治经济学两个教研室为重点。经过检查，高等教育部肯定了中国人民大学几年来在贯彻中央所规定的教育方针上是坚决的，取得了一定的成绩和经验，认为有将这些经验向全国高等学校推广的必要，并最终确定了会议日期。1954年1月30日，高等教育部发给我校关于召开中国人民大学教学经验讨论会并进行具体准备的通知。此函件记载：“中国人民大学：为总结传播你校学习苏联教学的经验，进一步推动其他高等学校更好地学习苏联、提高教学质量，我部订于一九五四年三月十一日至三月二十日召开‘中国人民大学教学经验讨论会’，邀请全国财经、政法院校及综合大学的代表参加，北京、天津其他类高等学校派人旁听，由你校全面而系统地介绍有关学习苏联教学的经验……。”随文附有高等教育部1953年12月28日订立的《中国人民大学教学经验讨论会计划》。该计划要求人民大学全面、系统介绍八个方面的经验：（1）关于培养工农干部的经验；（2）关于学习苏联并与中国实际情况相结合的经验；（3）关于教研室的工作经验；（4）关于教学方法的经验；（5）关于科学研究工作的经验；（6）关于培养师资和研究生的经验；（7）关于贯彻劳动纪律与学习纪律的经验；（8）关于系、教研室主任领导进行工作的经验。

中央人民政府高等教育部关于召开全国财经教育会议及中国人民大学教学经验讨论会的通知

档号：1954-XZ11-XB-1

1954年2月20日，高等教育部向全国高等财经院校、全国设有财经系科的各综合大学及其他高等学校发布通知，召开全国财经教育会议及中国人民大学教学经验讨论会。该通知确认了教学经验讨论会的召开日期为4月12日至20日，这是几经变更后会议的最终召开时间。通知所附教学经验讨论会计划同高教部1月30日发给中国人民大学的通知所附计划一致。同日，高等教育部又向全国各政法学院及中国人民大学、东北人民大学、武汉大学发布了关于召开中国人民大学教学经验讨论会的通知。2月22日，学校召开各系主任、政治理论教研室主任会议，加强准备工作。23日，吴玉章校长发布了《关于加强教学经验讨论会准备工作的指示》，学校成立了十二人组成的筹备工作组，根据高等教育部关于讨论会的计划，对各报告题目进行了分工，各由专人负责准备。《指示》要求各系、教研室准备几年来工作情况的介绍，以备座谈会上报告之用；各教研室、资料室应准备工作计划、教学大纲、讲授计划、课堂讨论与实习计划、教材、讲义、参考资料、科学研究计

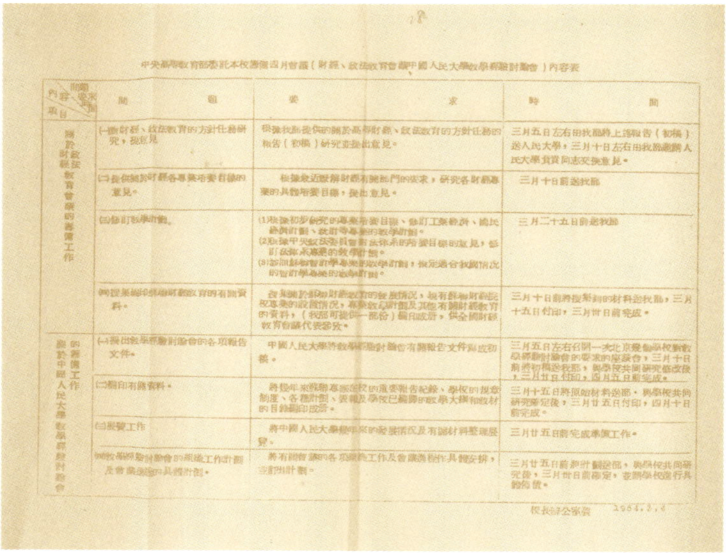

中央高等教育部委託本校籌備四月會議（財經、政法教育會議中國人民大學教學經驗討論會）內容表

項目＼內容	問題	要求	時間
關於財經教育會議的籌備工作	(一)關於財經、政法教育的方針任務研究，提意見	根據我部提供的關於高等財經、政法教育的方針任務的報告（初稿）研究並提出意見。	三月五日左右由我部將上述報告（初稿）送人民大學，三月十日左右由我部邀請人民大學負責同志交換意見。
	(二)提供關於財經各專業培養目標的意見。	根據最近瞭解財經有關部門的要求，研究各財經專業的具體培養目標，提出意見。	三月十日前送我部
	(三)修訂教學計劃。	(1)根據初步研究的專業培養目標，修訂工業經濟、國民經濟計劃、統計等專業的教學計劃。(2)根據中央政法委員會對法律系的培養目標的意見，修訂法律系專業的教學計劃。(3)[illegible]教學計劃，擬定適合我國情況的[illegible]計劃。	三月二十五日前送我部
	(四)搜集編印有關財經教育的有關資料。	收集關於蘇聯財經教育的發展情況，現有各財經院校專業的設置情況，專業教學計劃及其他有關財經教育的資料，（我部可提供一部份）編印成冊，供全國財經教育會議代表參考。	三月十日前將搜集到的材料送我部，三月十五日付印，三月廿日前完成。
關於中國人民大學教學經驗討論會的籌備工作	(一)提出教學經驗討論會的各項報告文件。	中國人民大學對教學經驗討論會有關報告文件擬成初稿。	三月五日左右召開一次北京幾個學校對教學經驗討論會的要求的座談會，三月十日前將初稿送我部，與學校共同研究修改後，三月廿日付印，四月五日前完成。
	(二)編印有關資料。	將幾年來蘇聯專家報告的重要報告紀錄、學校的規章制度、各種計劃、表報及學校已編譯的教學大綱和教材的目錄編印成冊。	三月十五日將原始材料送部，與學校共同研究確定後，三月廿五日付印，四月十日前完成。
	(三)展覽工作	將中國人民大學幾年來的發展情況及有關材料整理展覽。	三月廿五日前完成準備工作。
	(四)教學經驗討論會的組織工作計劃及會議進程的具體計劃。	將有關會議的各項組織工作及會議進程作具體安排，並訂出計劃。	三月廿五日前將計劃送部，與學校共同研究後，三月卅日前確定，並開始進行具體布置。

校長辦公室製 1954.3.4

中央高等教育部委托本校筹备四月会议（财经、政法教育会议，中国人民大学教学经验讨论会）内容表

档号：1954-XZ11-XB-1

划及成果、若干统计图表等，均应完整无缺，进行展览布置，以便接待参观；对三周年校庆展览再予充实、整理，并将全部出版物、教学计划、教学大纲、参考资料等有关材料专辟陈列室陈列。《指示》还责成行政事务部检查、各单位负责人督促校容整顿工作。2月26日，高等教育部综合大学教育司发来中国人民大学教学经验讨论会准备工作的初步意见，并于次日上午派相关同志来校面谈。3月5日，学校提请高等教育部审批经验讨论会会议日程表。高等教育部为充分做好会议准备，使大会报告尽可能有的放矢，于3月6日上午召集北京大学、清华大学、北京师范大学、北京政法学院、北京农业大学五院校教务长，召开座谈会，征询对教学经验讨论会的希望和意见，并提出各院校在教学工作中存在的问题，使会议收到预期效果。根据此次座谈会记录，五院校针对经验讨论会的报告内容都提出了想了解的详细情况及本校在这些方面存在的实际困难。同时，五院校都提出希望中国人民大学介绍原计划中未包括的“如何领导教学工作”问题。

4月12日，中国人民大学教学经验讨论会如期召开。经

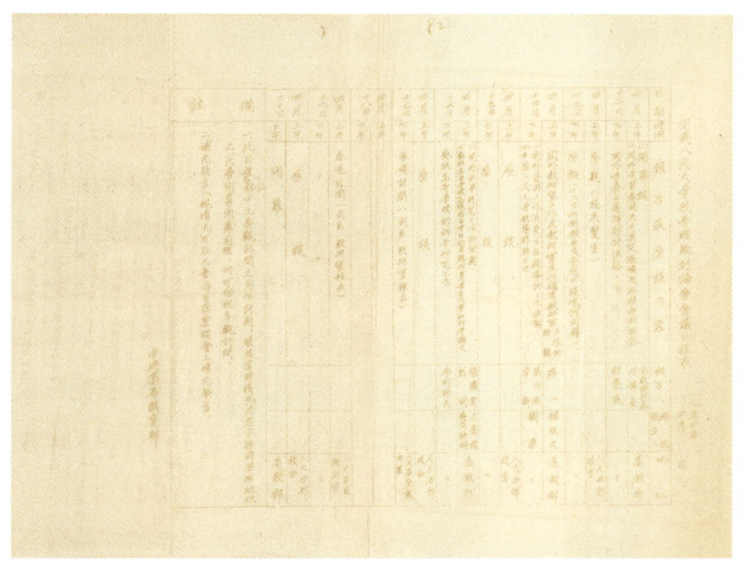

1954年3月5日提请高等教育部审批的《中国人民大学教学经验讨论会会议日程表》
档号：1954-XZ11-XB-1

过高等教育部与学校的反复商讨，结合3月6日在五院校座谈会上收集到的意见、建议和要求，最终中国人民大学在教学经验讨论会上做了六个报告：《学习苏联与中国实际情况相结合的经验》《培养工农干部的经验》《教研室工作及教研室主任领导教研室工作的经验》《系的工作及系主任领导的工作经验》《教务部的工作》《科学研究工作的经验》。最终的报告内容减去了关于“贯彻劳动纪律和学习纪律经验”和“培养研究生的工作经验”两项，加入了大家都普遍关心和迫切欲知的中国人民大学教务部工作的经验总结。《培养研究生的工作经验》《坚持劳动纪律的经验》以书面总结形式印发，给与会人员提供参考。会议以报告穿插着座谈和访问参观的方式进行。人民大学动员了很大的力量，根据教学过程筹备了全校总展览室和教研室的展览室。大会报告大体上可分为有关方针、教学工作和科学研究工作三个中心内容，每一个中心内容报告后就分组进行座谈，每组均有人民大学工作人员参加，具体问题随时解答、讨论。根据与会代表的自愿，结合座谈参观各展览室，大家提出许多问题，由人民大学系主任、教研室主任予以解答。

4月13日和15日，高等教育部中国人民大学教学经验讨论会简报第一号和第二号较为简略地记述了会议情况。会议期间，《人民日报》《光明日报》《北京日报》等对此次会议做了专门报道。全国各院校普遍表达了对中国人民大学所取得的教学经验的肯定和赞赏，均表示要研究和学习中国人民大学经验，运用中国人民大学的经验指导工作，找出自己工作中的缺点。北京大学马寅初校长在小组会上说："今天我更清楚地了解到党中央在一九四九年解放之初即决定成立中国人民大学的重要意义。"

1954年6月5日下午两点，中国人民大学在海运仓校区大礼堂举行了校代会扩大会议，除参加考试者外，所有教员均参加该会议，讨论胡锡奎副校长《关于中国人民大学教学经验讨论会的情况与当前的主要任务（初稿）》。此次校代会扩大会议重申了中国人民大学的教育方针和目的与任务，传达了黄松龄副部长、杨秀峰副部长对中国人民大学教学经验讨论会的总结和评价，介绍了会议召开的具体情况及各院校的反馈和讨论，肯定了学校取得的成绩和贡献，提出了存在的缺点和不足，更加明确了之后工作的主要任务。

应与会各院校要求，中国人民大学同意与其建立学校及有关教研室的直接联系，加强相互支援与合作，帮助各院校有重点、有计划地推进教学与科研工作。会后，大量的各院校教师到中国人民大学进修，推动了新中国财经、政法、马列主义哲学师资的培养。中国人民大学的教研室制度、习明纳（课堂讨论）、口试等人才培养模式得到全国性的推广，生产实习制度一直延续至今。

（胡玲玲）

聘请苏联专家工作的经验总结

1952年学校领导、教员与苏联专家合影
档号：1952-SX12.14-43

1950年6月下旬的一天，苏联贸易经济专业教师鲍·依·果戈里，带着妻儿，经过两个星期的火车旅行，终于从莫斯科抵达北京站。和他同行的还有宪法专业教师沃也沃金、国际法教师谢米里亨、马列主义理论教师高尔尼洛夫等十几位苏联高校教师以及他们的家人。他们都是应中国政府邀请，到中国人民大学任教的，这让这些原本属于苏联不同高校、不同城市的一行人，有了共同的身份——苏联专家。在北京站，他们受到中央人民政府政务院专家招待处的热情欢迎，随即被分别安置在国际饭店、北京饭店和政务院第四招待所。很快，果戈里等人见到了教育专家、顾问费辛科和菲力波夫，他们在1949年8月刘少奇访问苏联后不久就被委派到北京，协助陆定一、钱俊瑞、吴玉章等人组成的筹委会，筹办中国人民大学。果戈里等人也见到了扎维娅洛娃、契维克娃等一批已经在人民

大学工作的俄文专家，他们1949年12月来中国时，学校还处在前身华北大学阶段。不久，陆续又有各专业苏联专家到校，到9月份新学期开学时，果戈里的苏联同行已有近40位。①

随着苏联专家按计划到来，学校贯彻“教学与实际联系，苏联经验与中国情况相结合”的教育方针，各系、专修科和教研室工作逐步全面展开，学校迅速建立起一套系统正规的教学体系，着手培养马克思主义理论课师资、国家经济建设迫切需要的各专业人才、俄语人才，学校的各项工作都呈现出令人振奋的乐观趋势。在苏联专家的直接帮助、指导下，以干部培训见长的战火中的大学正在转变为新型正规大学，能否成功，其意义已经不局限于人民大学一所学校，更因其作为新中国第一所新型正规大学的示范地位，具有了借以审视修正新中国初期高等教育方针政

① 中国人民大学专家名册. 档号：1951-XZ11-XB-7.

策和发展道路的特殊影响。

中国人民大学是聘请苏联专家最多的高等学校，其专家工作，尤其受到党和政府的高度重视。1951年1月9日至11日，周恩来总理连续三个下午，主持召开专家工作汇报会议，听取各行业专家组长汇报。人民大学和教育、法律、卫生、农业、水利等政府部门一样，设有独立的专家组，顾问安德里昂诺夫、菲力波夫向周恩来汇报了学校工作①。有关苏联专家工作，学校自成立以来即定期或不定期向政务院、中宣部、高等教育部请示或汇报，形式不拘，有校长信函，也有学校公文，还有面谈协商，大多是一事一议，内容涉及聘请专家数量、专业、待遇、去留以及教学计划等，也曾就接待问题和生活服务撰写过工作总结。在1952年11月以前的馆藏档案中，笔者未见到有专门就苏联专家工作进行的系统全面总结。情况的改变是在1952年11月，此后不到一年的时间，学校应上级部门要求，对专家工作进行了三次有组织的、全方位的、自下而上的梳理，经过分析、总结、凝练，形成了相互关联、递进的书面汇报，苏联专家工作的成绩、不足、经验、改进方向和措施以及示范作用，从此有了正式且基本固定的表述。这一方面是应上级有关部门的要求，另一方面，也是专家工作经过两年多的实践积累，具备了全面总结的基础。

一、《关于聘用苏联专家若干基本经验总结》

1952年11月，中宣部要求所有聘请苏联专家的单位进行总结。

中宣部的要求非常具体，“专家在工作上对我们有哪些具体帮助”，“直接间接提出过什么重要意见和要求，哪些已经解决，哪些未曾解决”，“与专家相处关系如何”，“如何向专家学习的，主要学习了什么”，“对专

① 政务院总理办公室通报第四号. 档号：1951-XZ11-XB-22.0001.

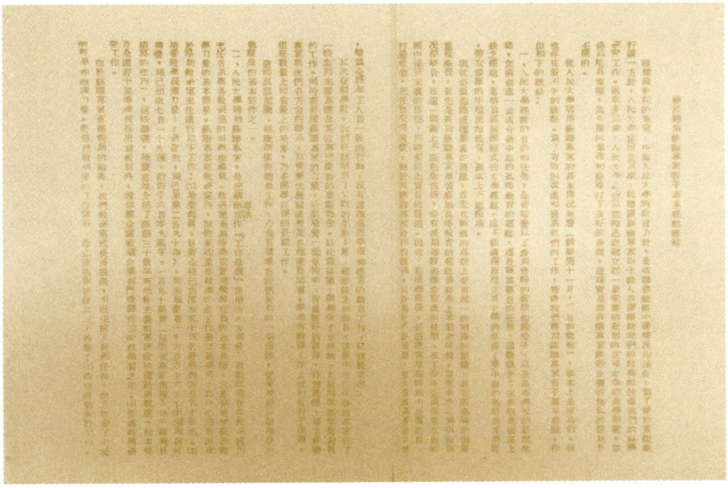

《关于聘用苏联专家若干基本经验总结》
档号：1953-XZ11-XB-34.0001

家工作有什么建议”。此时，学校共有专家43人（其中顾问1人，政治理论课7人，各种专门业务课程24人，俄文课11人）。学校于11月11日，曾上交过《中国人民大学关于聘用苏联专家工作情况简单汇报》，以此为基础，22日召开各系、教研室汇报座谈会，征求意见，要求各系、各教研室撰写本单位总结。全校所有聘请了苏联专家的单位都提交了详细的工作总结，经过归纳、提炼，形成了学校上交中宣部的正式文本《关于聘用苏联专家若干基本经验总结》（以下简称《总结》），归纳了中国人民大学关于苏联专家工作的四点经验：

（一）解决思想认识问题

《总结》称，人民大学建设的目的和任务，是要培养以工农为骨干的新型的知识分子、高等学校新型教师，创造一套适合新中国的高等教育经验，这是极其艰巨的任务，困难很多，领导上缺乏经验，老解放区训练班式的大学经验，不适应新任务的要求。要完成任务，思想上必须有统一明确认识，向苏联学习，使苏联经验逐步与中国情况相结合。

（二）把专家当作“工作母机”使用

大部分专家配备在教研室内充任各系、各教研室的科学指导员。

苏联专家在教研室的中心任务有四项，即协助教研室主任培养教员、培养作为教学后备力量的研究生、编写教材讲义、指导科学研究工作。由于初期不仅苏联专家少，中国教员也严重不足，培养教员和培养学生同样迫切，苏联专家必须作为“工作母机”，而不能当作一般教员使用。学校在教学上采取“小先生制”，先由苏联专家教会中国教员，再由中国教员给学生上课。开始时困难很多，中国教员只能照读讲义。财政教研室专家包德列夫形容这种状况说，“第一学年开始时，教员和学生无甚区别，今天学，明天教，且贩且卖”。但是这种实事求是的创造性方法证明是有效的，全校教员增加至594名，很快解决了师生比过低的矛盾。培养研究生的成效也是惊人的，按照苏联的标准，一个专家培养20个研究生，而在人民大学，大大超出了这个定额。教员数量的增长使研究生规模扩大成为可能，在《总结》形成时，学校有全日制研究生1 213名，首批马列主义研究班有453名，故研究生总数达到1 666名。苏联专家编写教材讲义，介绍苏联35年来社会主义建设的道路与经验，在其教学活动中占了相当比重。不到三年的时间，学校出版教材和讲义718种，计190万册。除本校教学用外，全国各地尚有420所学校、1 265个机关用作教材或参考资料。学校还邀请苏联专家在教研室内担任科学指导员，直接帮助教学与培养研究生，充分发挥教研室作用。

（三）参照苏联经验，建立起一套比较完整的高等教育制度

1949年暑期，顾问安德里昂诺夫即帮助学校为本科、

专修科及研究生制定了一套完整的教育计划。正如1950年4月6日吴玉章在校委会上的讲话中所说，“这个计划，是根据苏联建设的丰富经验和最新的科学成果，并结合中国的实际需要而制订的。它把马列主义理论、业务原理和专门业务技术密切地结合在一起，而又有步骤有计划地循序渐进进行学习”。教育计划中最主要的为课程计划，根据国家建设需要，确定各系、班与研究生的教学科目、比重。在教学环节上，通过系统讲授、学生自学（辅之以教员辅导）、总结学生自习作业、校外有关部门生产实习、考试测验等，保证教学按计划执行。在督促检查机制上，学校制定了：（1）听课制度，教研室主任以及教员之间互相听课，借以改进教学；校长、教务部长、系主任等教学管理人员有重点地听课，检查教学效果。俄文教研室专家契维克娃，来自莫斯科师范大学，是一位具有30多年教学经验的语言学教授，一学期听课318小时。（2）考勤制度，学生和教员都要考勤，档案中有教员从张自忠路到西郊上课迟到被通报批评的记录。（3）检查制度，检查教学进度，是否按照计划进行并完成教学任务。

学校直接复制了苏联的最基本的教学组织机构——教研室，这在我国是首创。《总结》认为，“教研室是高等学校实现教学任务的基本组织，它是发展和提高教学力量的基本与源泉”。在学校初创教员少、任务重、条件差、基础薄的特定时期，教研室严格按照计划开展教学工作，学期有计划、月月有计划、周周有计划，有领导、有组织地进行集体教学，教员按照教学大纲或讲义进行备课，然后在教研室试讲，经过集体讨论修正补充后，才能正式上课堂讲授。教研室以其高度的组织性、纪律性、执行力、约束力，集中集体力量，最大限度保证了教学工作的成效，发挥了显著优势。

（四）以共产主义理想、国际主义友好合作精神为基础，妥善处理与专家的关系，更好地发挥专家力量

苏联专家在学校的工作是满腔热情的、全身心投入的。共同的共产主义理想、中苏“同志加兄弟”的革命情谊激励下的那一代人，有着不竭的动力和旺盛的精力。《总结》中讲到专家的共同特点是“工作愈多愈愉快”。在各系、教研室提交的总结中，列举了很多专家忘我工作的感人事例，充分印证了那个激昂的时代、那个被理想和信念点亮的群体的特质。财政教研室专家包德列夫说：“我们来中国不易，一分钟时间也应当充分利用”。专家们非常看重自己的教学效果，爱惜自己作为专家的名誉，经常问：“校长对我们的工作有何批评和表扬？”随时准备改进提高，满足中国学生的需要和学校的要求。有鉴于此，《总结》认为，必须爱护专家的工作热忱，合理地、有计划地使用他们的力量，使之集中精力，解决主要问题，适时肯定其工作成绩。要向专家虚心学习，更要有效率地协商，要带着问题协商，自己先有想法，充分思考，专家补充修改。

《总结》也归纳了在使用专家力量上的若干缺点及改进办法：（1）聘请时计划性不够，不完全符合学校需要；（2）个别系发挥“工作母机”作用不够，安排专家过多直接授课，不利于专家集中精力培养教员、编写讲义，而且专家讲课要通过翻译，效果也不理想；（3）教员和研究生质量不高，专家力量没有充分用到极限；（4）部分教员在处理和专家的关系时，既存在骄傲自满不虚心心理，也存在过分依赖心理。

学校向中宣部提出了今后聘请专家的建议，希望能够考虑到专家是作为科学指导员、“工作母机”，而不是一般教员，今后聘专家时要向苏联方面充分说明，争取聘到科学水平更高、教学经验更丰富的专家。

《总结》充分肯定了苏联专家工作的成效，相应地，苏联专家对于学校的工作也表示满意，多有赞许。顾问菲力波夫自学校筹办至1952年6月，在校工作已届三年。他在1952年暑假离任回国前，写下了对学校工作的十点临别意见。菲力波夫认为，虽然存在困难，但是刘少奇为人民大学制定的办学任务“一般是完成了”，“学校领导人员、干部（水平）提高了，了解了并且懂得如何办大学，例如定计划、排课表和行政事务工作，成绩是好的”。关于培养教员，菲力波夫说，“中国教员还是主力，今后希望党团组织要大力加强注意提高教员的工作”，提高要从两方面着眼：第一，提高其马列主义的思想水平。第二，要进一步通晓业务。具体解决办法：（1）继续办好夜大学；（2）加强教研室工作的领导；（3）要多使用苏联专家的力量。关于翻译苏联参考书，菲力波夫建议经常关注出版动向。关于编写讲义提纲，建议“应更多运用中国的实际材料、事例，要多要具体，苏联经验不能机械搬运，教条式的搬用是不好的”。菲力波夫认为专家了解中国情况十分必要与迫切，希望学校领导同志能更多地帮助专家了解中国情况，只有这样，才能使专家多发挥力量。

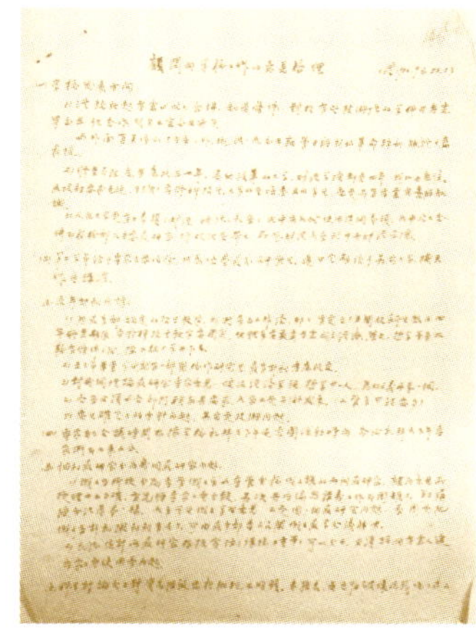

顾问菲力波夫对学校工作的十点临别意见

档号：1953-XZ11-XB-34.0014

二、《中国人民大学苏联专家工作汇报》①

《总结》将苏联专家工作的成绩总结得很充分，此后的两份材料在成绩部分与此基本重复，而对问题的挖掘、原因的分析越来越深入，突出问题集中在“工作母机”作用的发挥上。《中国人民大学苏联专家工作汇报》（以下简称《汇报》）完成于1953年4月22日，从行文推断，也是提交给中宣部的。《汇报》称，学校第三学年的中心任务是全体教员在专家的指导下“钻研科学、精通业务”。学校更进一步认识到了深入向专家学习，把专家当“工作

① 档号：1953-XZ11-XB-8.0002.

母机”使用的重要性，发挥专家的极限力量，专家授课、辅导、编写讲义的工作量最高达到65小时/周。针对存在的问题，学校提出了五点改进措施，有的措施是学校要落实的，有的则是希望中宣部落实的：（1）研究生数量不足、质量不高，发生半途而废现象，浪费专家资源。针对这种情况，学校要集中研究调配正规研究生与调整现任教员的计划，学习年限一律改为四年，个别系考虑减少专业化的设置，这一切都是为了充分发挥专家的力量，供给合乎规格的“原材料”，时间上、专业上，均加以适当改变，以期做到为国家培养出切合实际需要的建设人才。（2）个别教员骄傲自满、不够虚心的状况得到了转变。（3）专家聘期以一年为好，可以集中精力集中时间。（4）学校不同于企业部门，要增强聘请专家的计划性，保证每年暑假前到校，不影响开学。（5）加强向专家进行中国情况的介绍，翻译人员质量有待提高。

三、《中国人民大学关于苏联专家工作的检查报告》

根据1953年9月9日下发的《中共中央关于加强发挥苏联专家作用的几项规定》，学校对专家工作进行了再一次检查，1953年10月24日形成了《中国人民大学关于苏联专家工作的检查报告》（以下简称《报告》）。《报告》提出，向苏联专家学习，就是要学习“苏联科学的成就，社会主义建设经验，高等教育建设的理论与实际，专家的优良作风、方法和态度”。在学校已经取得一定基础的现阶段，学习的中心环节应当是“着重提高领导骨干与教学人员的科学水平，以及科学的工作方法，以达到提高教学质量与工作效能的目的”。关于如何发挥苏联专家的作用，《报告》认为专家“不是当一般教授使用，而是充任科学指导员、系及校部的顾问，因此专家的建议在学校建

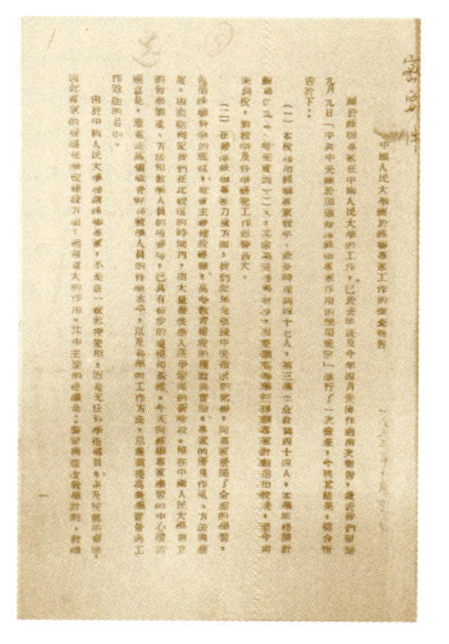

《中国人民大学关于苏联专家工作的检查报告》
档号：1953-XZ11-XB-8.0001

设方面，起着重大的作用”。学校形成了良好充分的沟通机制，通过每周固定一次的校领导接见顾问办公制度、顾问列席校行政会议等形式，校领导与顾问经常交换意见，进行协商，凡属切实可行的建议，经过认真讨论研究，都见诸实行。系、教研室的专家也通过在教研室担任科学指导员的形式发挥指导作用。专家建议主要集中在“制定与修改教学计划、教学提纲、系科设置与学制的规定，教学制度与方法的研究，系与教研室领导骨干的培养，鼓励科学作业与生产相结合的倡议，以及马克思列宁主义夜大学的创办等”。

《报告》强调全校向苏联学习的思想是一致的，认识是明确的，不存在学不学的问题，而是如何学的问题。比如，领导骨干向苏联专家有计划地学习，还是不够的，跟不上形势的要求。由于对某些专家的专业特长事前了解不够，导致专家作用未能充分发挥。从校部到教研室有计划地、主动地向专家介绍中国及学校情况不够，致使专家指导的针对性不够。一部分干部中存在对专家的依赖思想，不主动思考、不认真整理消化学习内容。翻译质量不高仍是提高教学效果的一大阻碍。

1952—1953年应中宣部要求连续进行的检查，形成了以上针对专家工作的三份总结报告，内容比较全面，相互关联，各有侧重，涵盖了专家工作和成绩的主要方面，关键点的表述和概况基本定型，成为以后专家工作经验总结的基础。总结是及时的、全面的、客观的，经受住了时间的检验。1954年4月高等教育部召开中国人民大学教学经验讨论会，胡锡奎副校长做了《中国人民大学学习苏联经验的总结报告》，基本上沿用了上述三份总结报告的内容，只是在最后增加了一条：“与有关业务部门建立联系，把教师有意识地组织到厂矿、企业部门中去搜集材料，参加业务部门的专业会议，与企业机关建立研究小组。”

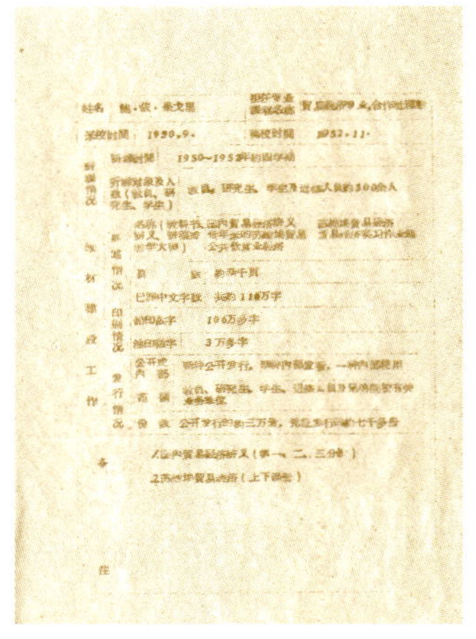
来校时间 1950.9.
离校时间 1952.11.

苏联专家果戈里登记表
档号：1961-XZ16-15-1

1952年末，果戈里结束了他在中国人民大学的专家任期，回到苏联。两年间，果戈里为教员、研究生、本科生及进修人员讲授贸易经济、合作社理论课程，编写了“国内贸易经济”“三十年来的苏维埃贸易”“公共饮食业经济”等讲义，翻译成中文约110万字，公开发行3万册。临行前，果戈里与生产合作社教研室的中国同事依依惜别，与继续留在这里任教的苏联专家互道珍重，他的孩子，已经讲得一口流利的普通话——“再见，人民大学。再见，北京。”

（李惠）

吴玉章校长对学生的两次讲话

吴玉章自中国人民大学命名组建起担任校长，任职长达17年，直至1966年12月12日逝世。吴玉章老校长一生追求真理，坚持革命，献身教育，热爱青年，深受全校师生爱戴。毛泽东同志曾赞誉他“一贯的有益于青年”，吴玉章也曾在82岁高龄时写诗自勉，“一息尚存须努力，留作青年好范畴”。馆藏多份吴玉章对在校学生的讲话记录，虽具有鲜明的时代烙印，然语言平实，入情入理，今日重读，仍觉感人至深，肺腑之言，俱是睿智长者对后辈学子的殷殷嘱托。

一、大力培养建设新中国的生力军

1950年3月13日，中国人民大学招收的第一届本科生在铁狮子胡同校舍正式开课，为此学校召开了第一次学生大会。会上吴玉章校长做了主题为“大力培养建设新中国的生力军”的讲话。

建国伊始，在革命取得伟大胜利的同时，国家也迫切需要各种人才从事经济、政治、文化等各种建设，中央决定成立中国人民大学，也正是为了培养新型的知识分子为新中国建设服务。吴玉章首先站在国家的高度、从经济建设大局出发，向广大新生阐明了办学的必要性和目的性，让每一位学子了解党中央对学校以及广大同学的期望，让每一位学子明白自己的使命和责任，“你们将成为新中国建设的生力军，生力军生长得越快就越好，所以我们表示热烈的欢迎”。

秉承我党一贯务实求真、重视思想政治教育的优良工作传统，吴老进一步对学校是初创，同学来自五湖四海、成分背景不同、基础水平不同的现实情况进行了分析，“我们的有利条件是中央人民政府和中国共产党的领导、苏联专家的直接帮助、政府各有关部门的积极支持”，但“我们学校一切都是草创，缺乏经验、困难很多，特别是

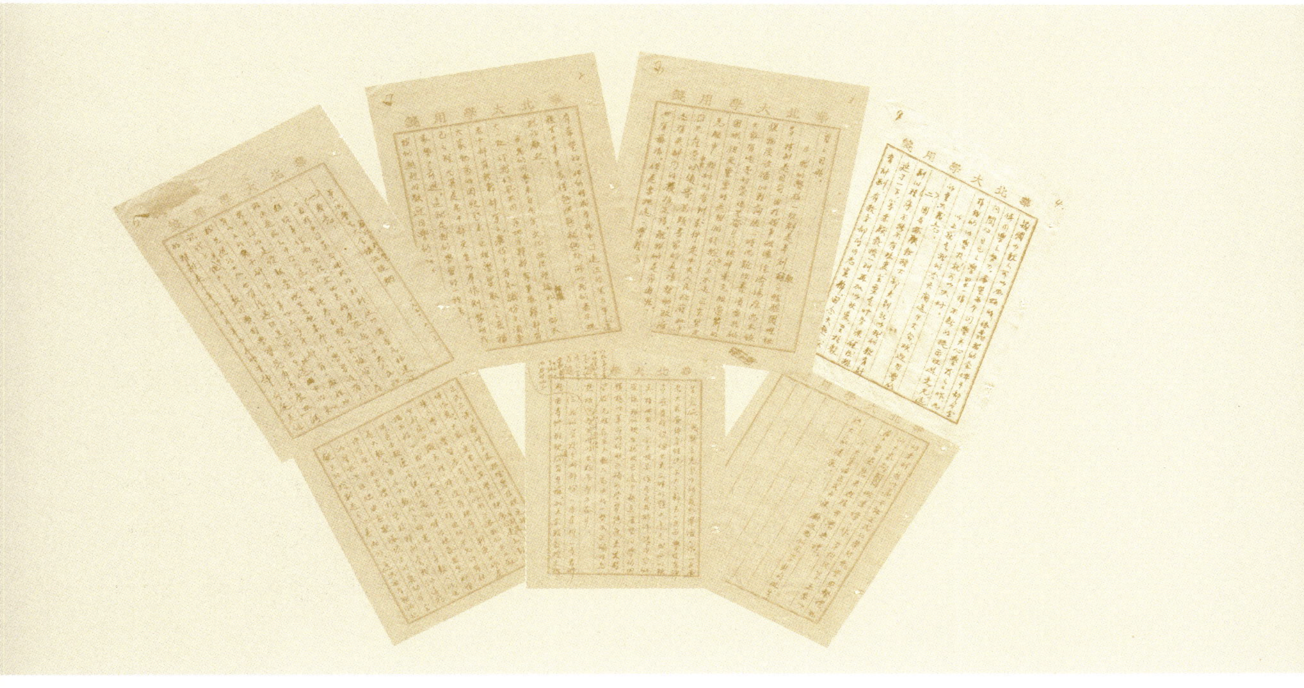

吴玉章校长在第一次学生大会上的讲话（底稿）
档号：1950-XZ11-XB-3.0003

目前，由于战争破坏，经济伤痕尚未恢复，物质设备比较简陋，一时尚难改善”，“我们同学来自各方，文化、政治、理论水平都不大一致，经验作风不同，有地方干部，有军队干部，有老干部，有新干部，有工农分子，有知识分子”。面对这样的现状，吴老对广大本科新生提出了殷切的希望和要求，尤其强调了艰苦奋斗和团结互助对真正“达到学习之目的”的重要性。“需要我们大家有吃苦耐劳、艰苦奋斗的精神来克服当前的困难”，“我们是有困难，但也有办法。但是要把这一学校办好也绝不是几个少数人可以办好的”，“需要大家紧密地团结起来，互相学习、取人之长、补己之短，尤其是老干部更要以身作则，带动大家努力前进，这就是我们学习的一种保证”。

正所谓不以规矩不成方圆，吴老深知要想办好学校，要想让这样一个全新的大集体有序运转，进而向着正确的方向和目标稳步前行，没有严格的纪律要求是不行的。“希望大家根据学校规定按时上课按时作息。大家一定要知道，学校秩序与制度的建立，对保障同学们学习，是有决定作用的，正像我们在工厂、在部队、在机关里一样，没有秩序与制度，工作是搞不好的。我们学校也一样。因此，不允许有任何自由散漫、无组织纪律的现象发生，哪怕是少数人，因为少数人会妨碍多数人的。也许有些人不习惯于学校的生活，特别是我们这样的学校生活，但由客观环境上的变动与主观上的控制是可以养成的”。在吴老的教育理念里，严格的治学纪律和学校风气是必须要有的，它可以督促学生认真学习，使他们得到真才实学，但严格绝不是要把学生管得很死，不能限制学生的独立思考和创造性，课余休息时间应该让学生自由支配，不能横加干涉，应该让学生更多地做他们喜爱而有益的事情，使他们的个性得到更多方面的发展。

由于学校筹备成立只有短短几个月时间，很难尽如人意，吴玉章诚恳地表示，“这次因为我们招生仓促，缺乏充分的动员和准备工作，一方面是大家有许多情况不了解，另一方面学校有许多应有的设备也未及时赶上，会上提出自我批评，请同学们原谅，我们现在就改正这个缺点”。他希望“同学们用积极的革命的行动、正确的学习态度来支持学校，克服存在少数人当中的诸如信心决心不足、这山望着那山高等一些不正确的思想倾向，加强团结，为共同的目标而努力奋斗”。

吴老的讲话虽然不长，但内容全面而丰富。面对党中央和国家交办的重要任务，吴老强调正确的思想方向和目标，强调团结一致和艰苦奋斗精神，强调严格遵守秩序和纪律性，这正是他作为老一辈无产阶级革命家克己奉公、严于律己精神的体现，也为中国人民大学日后朝着正确的方向快速发展奠定了扎实的思想基础。

二、把国家交付的任务毫不犹豫地担当起来

经过近六年的时间，中国人民大学已经发展成为共和国建设者的摇篮，为国家建设事业输送了大批人才。1955年中国人民大学培养了工业经济系、法律系、外交系、俄文系本科毕业生286人，经济计划、国内贸易、供销与消费合作社、档案、统计、财政银行、工厂管理、生产合作社、劳动九个专修科毕业生932人，还有马列主义研究班和各教研室的研究生742人、进修生80人，共计2 040人。7月学校举行毕业典礼，吴玉章校长面向广大师生发表重要讲话。在用几个具有代表性的数字对中国人民大学这些年的发展成绩进行了简单总结后，吴老对本届毕业生进行了全面而细致的点评。

“本届毕业生中，革命工作干部、革命军人和产业工人成分仍然占着大多数。他们许多人经过几年的系统学习，可以有把握地说，已经由普通的工人和一般工作人员成长为具有一定理论基础和一定科学水平的高级建设人才”。“今年毕业的研究生”“虽然一般都还年轻，但却是宣传马克思列宁主义理论和先进的科学知识的新生力量”。“由于几年来学校注意了提高教学质量，加强了政治思想教育与体育卫生工作，所以今年的毕业生无论在专业知识、政治思想水平和体格等各方面的质量，比往年都有所提高。显然这些毕业生将在国家建设事业中发挥良好的作用”。

毕业生的数量、素质和水平都不断提高，作为教育家的吴老对此倍感欣慰。这是在广大教师同志们认真负责的指导下，学生们自觉刻苦用功的结果，这更是党中央和国家亲切关怀和培养的成果。面对成绩和进步，吴老强调不能忘记中国人民大学的办学目标和使命，那就是要不断培养为新中国建设服务的生力军。国家在不断发展和进步，对参与建设的人员水平的要求也就越来越高，因此，学校

吴玉章校长在1955年毕业典礼上的讲话

档号：1955-XZ11-XB-11.0004

也必须不断地改进不足、提升自身教育水平，这样才能培养出满足国家建设发展需要的人才。吴老指出，“今年毕业生的情况同时也暴露了我们学校工作中的缺点”。当年的本科和专修科有40多人因有两门课程不及格不能毕业，还有50多名学生在等待补考，研究生里也有少数人存在课程不及格的情况，此外更是有少数学生已经因为条件不合格中途退学。“这就表明，并不是所有的人都完成了国家所交付的学习任务。这种情况一方面是少数学生、研究生自己努力的不够，同时也说明学校的工作上的缺点。我们有必要在这里坦率地指出这种缺点，以提起大家的注意，从中吸取教训，改进工作”。

吴老强调，所有工作岗位“都是社会主义建设战线上的重要岗位，都是光荣的岗位。我们相信，毕业生们和研究生们一定能自觉地接受国家所分配的工作，愉快而勇敢地走上任何艰苦遥远的工作岗位，把国家交付的任务毫不犹豫地担当起来”。

吴老为毕业生上了在校期间最后一堂思想政治课，对于如何担负国家交付的任务，提出了五点希望：

吴老首先希望同学们戒骄戒躁，“在工作中坚决反对骄傲自满情绪”。作为忠诚的共产主义战士，吴老始终把马列主义作为行动指南，并强调骄傲自满情绪是与马克思辩证唯物主义背道而驰的错误意识。“我们的党和毛主席曾经再三地教导我们的干部力戒骄傲自满，而应该保持谨慎谦虚的态度，兢兢业业，向群众学习和在同志之间互相学习，以求工作中少犯错误、不断进步”。

希望同学们在工作中仍然要坚持继续努力学习。吴老指出：“在人民大学毕业，只是一个很短的学习阶段的结束，从你们未来的长远生活和工作来说，这只是进一步学习的基础和起点”，希望你们“在工作中进一步钻研业务，加强科学研究，使自己真正成为精通专业的人”，在工作中也继续不断地学习马列主义理论，特别是辩证唯物主义和历史唯物主义，反对实际工作中的主观主义，大家都能成为辩证唯物主义的积极宣传员和反对资产阶级唯心主义的积极战士。

希望同学们在工作中关心政治。吴老要求大家不仅应该“是熟悉本行业务的人才，而且应该是积极的革命政治家和社会活动家，防止堕落为鼠目寸光、只图眼前利益的事务主义者”；应该“时刻关心国家的命运，关心国内外政治生活中的重大事件，养成敏锐的政治眼光和学会阶级斗争的艺术”；应该“认真执行党的政策和国家的法令，严格地按照政策法令办事”。

希望同学们在工作中艰苦奋斗，克服困难。吴老提醒各位即将走向新的工作岗位的同学，“对于我们每一个革命工作人员来说，在各种实际工作中不会不遇到各种具体的困难”，毕业生们“代表新生的力量，依据对客观事物的规律性的认识，不管任何巨大的困难我们都能一眼就看透它的底子，把它们放在‘不在话下’的位置”。同学们应该“继承和发扬中国共产党一贯的艰苦奋斗、克服困难的光荣传统，在和困难作斗争中把自己锻炼成真正坚强的干部”。

最后，吴玉章校长希望同学们毕业后继续与学校保持紧密联系，互相提供可能的帮助，并对同学们的未来送上了真挚的祝福。吴老仍不忘再次强调第一个五年计划，希望同学们“不惜一切为实现这个伟大的五年计划而奋斗”，“继续完成若干个五年计划，直到把我国建成为伟大的社会主义国家以至进到伟大的共产主义社会”。

（刘甜甜）

命名组建初期中国人民大学中心任务的确立

中国人民大学自命名组建以来，就以“培养万千建国干部”为己任，不断强化这一中心任务，紧紧围绕这一中心任务开展各项工作。

1949年12月16日，根据中共中央政治局的建议，中央人民政府政务院第十一次政务会议通过的《关于成立中国人民大学的决定》指出：“新国家的伟大建设工作已经开端。为适应国家建设需要，中央人民政府政务院决定设立中国人民大学，接受苏联先进的建设经验，并聘请苏联教授，有计划、有步骤地培养新国家的各种建设干部。”

1950年1月，党中央下发《关于成立中国人民大学的指示》，开篇即指出“为进行新中国的建设工作，中央人民政府已决定设立中国人民大学，培养各方面所需要的建设干部”，并强调指出“人民大学的创办，是一件大事”，要求各中央局、分局令各级党委保证中国人民大学招生完满成功。

1950年1月27日，学校发布了第一份招生简章，开宗明义重申了此项要求：“中央人民政府政务院为进行新中国的建设工作，决定设立中国人民大学，培养各方面所需要的建设干部。”为完成这一任务，学校对招收的学员在思想政治素质和学历水平方面都提出了比较高的要求，这在招生简章中有比较具体的体现：本科在身体健康的前提下，须“参加革命工作八年以上、具有相当于初中程度的文化水平、年龄在三十五岁以下的干部”；“参加革命工作三年以上或在解放区参加有关业务部门工作三年以上、具有相当于初中程度的文化水平、年龄在三十二岁以下的干部”；“具有相当于初中程度的文化水平、有三年以上的工龄、暂无家室之累、思想进步可以深造的产业工人、年龄在十七岁至三十二岁者”；“具有高中毕业以上程度的文化水平、思想进步的青年知识分子、年龄在二十七岁以下者”。

1950年3月15日的《中国人民大学本科第一期招生总结》显示：中国人民大学第一期招生自1950年1月28日开始至2月底截止，共招收学生967人（报名投考者1963人），较原计划882人超过85人，其中八年以上干部288人，三年以上干部443人，进步工人190人，进步青年知识分子46人。总数967人中有共产党员844人，青年团员828人，进步群众41人。不但数量上超过原定计划，质量上也达到了中央规定的要求。

1950年3月29日《人民日报》刊登《访中国人民大学》，文中指出，中国人民大学在校学生中，革命干部和先进工人占二分之一以上。“这是中国社会关系在政权改变后所发生的深刻变化之一”，“劳动人民将被逐步培养成为新型知识分子，进入高度发达的文化科学知识的领域，成为新中国建设中的骨干”。

1950年3月13日，中国人民大学首次招收的本科生在铁狮子胡同校舍正式开课，吴玉章校长在第一次学生大会上发表讲话①。吴老在讲话中再次强调了学校的中心任务：“由于中国革命（取得了）伟大的胜利，迫切需要各种建设人才，从事经济、政治、文化各项建设，所以中央人民政府决定成立中国人民大学，培养新型的知识分子，为新中国的建设服务。”他号召全体同学“用积极的革命的行动、正确的学习态度”克服困难，努力学习，成为新中国建设的生力军。

1950年10月3日，刘少奇同志出席中国人民大学开学典礼，并发表重要讲话②。他指出：“为了培养建设新中国的干部，我们创办了中国人民大学。”他还阐释了中国人民大学学科、专业设置的原因，对中国人民大学的学生提出

① 吴玉章校长在第一次学生大会上的讲话（底稿）．档号：1950-XZ11-XB-3.0003.

② 刘少奇在中国人民大学开学典礼上的讲话整理稿．档号：1950-XZ11-XB-3.0002.

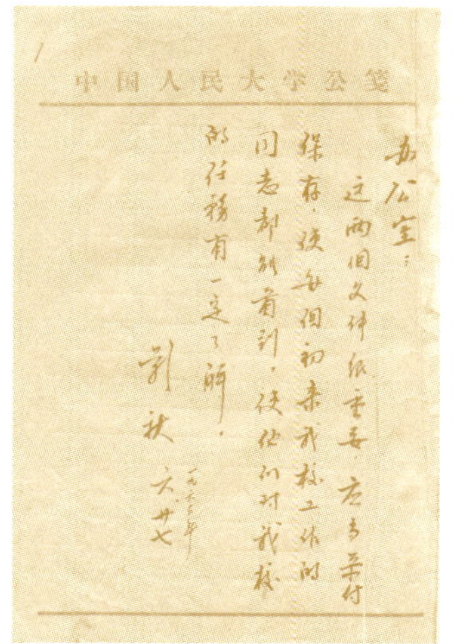
中国人民大学公笺

办公室：

这两个文件很重要，应当采付保存，使每个初来我校工作的同志都能看到，使他们对我校的任务有一定了解。

郭影秋

六三年六.廿七

郭影秋关于刘少奇同志在开学典礼上的讲话（记录整理稿）和吴玉章校长在第一次学生大会上的讲话（底稿）的批示

档号：1950-XZ11-XB-3.0001

了具体要求和希望。

1963年4月13日，郭影秋被中央任命为中国人民大学党委书记。5月中旬郭影秋到校工作，随即进行了大量调研，并调阅建校初期重要档案，了解、学习学校历史。6月27日，他就刘少奇同志在中国人民大学开学典礼上的讲话（记录整理稿）和吴玉章校长在第一次学生大会上的讲话（底稿）做出批示："这两个文件很重要，应当采付保存，使每个初来我校工作的同志都能看到，使他们对我校的任务有一定了解。"

刘少奇同志的讲话、吴老的讲话底稿、郭影秋老校长的批示，这三份文件产生的时间相隔13年，但是被归为一卷，成为学校档案馆一份非常重要的史料，是中国人民大学命名组建之初中心任务的最好诠释，也反映了中国人民大学新老两代领导人在学校中心任务上的共识和为之奋斗的不变信念。中国人民大学命名组建以来，为完成这一中心任务，全面开展各项工作，被誉为"共和国建设者的摇篮"，无愧于刘少奇同志的希望，实现了几代人大人的理想。

（蒋利华）

中国人民大学与国家部委合作和联系的开端

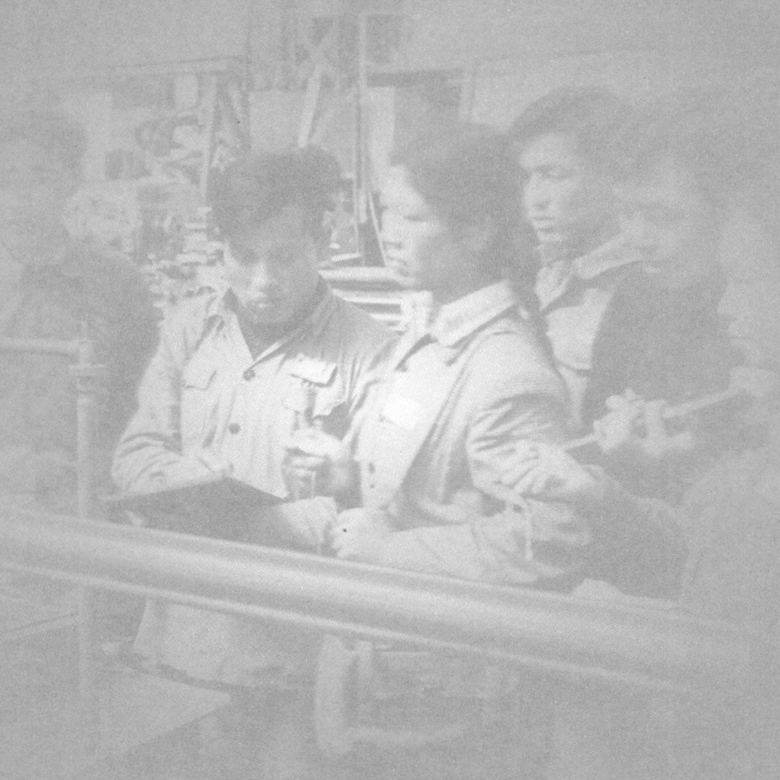

中国人民大学命名组建之初，将办学目标定位在培养建设新中国的干部人才，因此与国家部委加强合作和联系显得尤为重要。1950年3月24日，吴玉章校长主持的学校第一次校务会议专门讨论了如何与校外单位建立联系的问题①。会议做出决议："苏联经验要想与中国实际情况结合起来，必须与校外有关机关分头的建立经常性的固定的联系（如财政部、教育部、总工会、贸易部等），我们可结合具体情况进行研究与实习工作。"由此可见，学校在命名组建之初就将加强与校外单位特别是与国家部委的联系，理论与实际相结合作为重点，并就此做了大量工作。

一、工厂管理系与重工业部率先开展合作

1950年下半年，重工业部人事司副司长李承文应邀来校给工厂管理系工业经济教研室做报告，报告结束后与教研室同志及苏联专家商谈合作事宜。时任工业经济教研室主任徐伟立多次与李承文同志沟通联系，并于当年11月草拟了一份"重工业部与中国人民大学工业经济教研室的互助计划"，提出请重工业部派员来做专题报告、允许教研室教师参加重工业部部分相关会议、就教研室确定的课题提供材料等建议，同时也提出教研室可派人到重工业部下设学校或训练班授课、为部里干部做学习辅导、向重工业部提供教研室编研的教材等。在此基础上，1951年1月11日，工厂管理系与重工业部签订了《互助协作协定》，这是档案中查到的学校最早与国家部委开展合作的正式文字记载。该协议内容如下：

根据本协定规定，1951年1月—1952年1月，重工业部、中国人民大学工管系双方各履行下列任务：

（1）按照双方同意的题目，给以专门指导或在教研室做报告。

① 第一次校务会议记录. 档号：1950-XZ11-XB-15.0001.

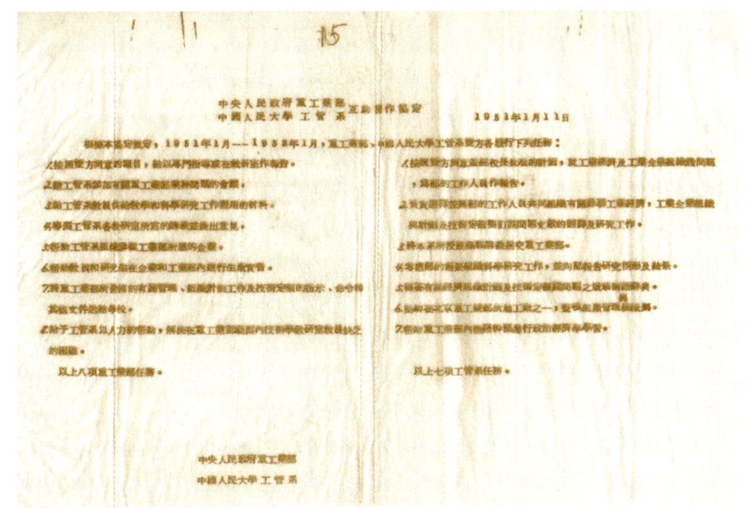

中央人民政府重工業部
中國人民大學 工管 系 互助合作協定

1951年1月11日

以上八項重工業部任務。

以上七項工管系任務。

中央人民政府重工業部
中國人民大學 工管 系

重工业部、人民大学工管系互助协作协定
档号：1951-XZ11-XB-13.0008

（2）请工管系参加有关重工业部业务问题的会议。

（3）给工管系教员供给教学和科学研究工作需用的材料。

（4）审阅工管系各教研室所写的讲义并提出意见。

（5）帮助工管系组织参观工业部所属的企业。

（6）帮助教员和研究生在企业和工业部内进行生产实习。

（7）将重工业部所发布的有关管理、组织计划工作及技术定额的指示、命令和其他文件送给学校。

（8）给予工管系以人力的帮助，解决在重工业部范围内技术学教研室教员缺乏的困难。

以上八项重工业部任务。

（1）按照双方同意并经校长批准的计划，就工业经济及工业企业组织诸问题，为部的工作人员做报告。

（2）负责选择并与部的工作人员共同组织有关苏联工业经济、工业企业组织与计划及技术定额制订诸问题文献的翻译及研究工作。

（3）将本系所授该课程讲义送交重工业部。

（4）考虑部的需要组织科学研究工作，并向部报告研究情形及结果。

（5）编纂有关经济组织计划及技术定额诸问题之俄华术语辞典。

（6）协助在北京重工业部所属工厂之一，整顿生产管理与组织。

（7）帮助重工业部内机关干部进行政治经济学学习。

以上七项工管系任务。

协议内容非常突出地体现了“互助共赢”的设想。重工业部作为主管重工业行业的国家部委，在师资、生产实习、教学资料提供等方面提供大力支持；工厂管理系作为教学单位，可以在学习指导、科学研究、文献翻译等方面发挥积极作用。正如工厂管理系学期工作总结中所言：“这一协定明白地规定了双方应该履行的任务，是互助的、协作的、两利的。”

1951年1月23日，学校印发第五号校长命令，指示各系应主动考虑运用工厂管理系的经验，以推进帮助教学。2月23日刊印的《人民大学周报》第十二期第一版以《工管系、重工业部签订<互助协作协定>对开展教学工作裨益甚大——校长命令各系应主动考虑运用此一经验》为题对此进行报道。

二、人民大学与国家部委的联系得到党和国家领导人的重视和支持

在与国家部委加强联系方面，胡锡奎副校长发挥了重要作用。1951年2月16日，胡锡奎副校长给刘少奇同志上报报告，提出了学校工作面临的三个问题，其中之一即是希望除由我校各教研室与各有关部门保持联系外，“对于各部门特别是财经方面有关重大的业务与政策方面的会议，能够吸收学校少数的负责人参加”。

刘少奇同志第二天即亲笔给有关负责同志写了一封

函，解决胡锡奎副校长提出的这一问题。在此之后，中央财政经济委员会计划局、财政部、燃料工业部、纺织工业部、中华全国合作社联合总社、天津纺织工业局等部委局先后与学校有关系所取得联系。

时任中央人民政府政务院政务委员、财政经济委员会副主任兼重工业部部长李富春对人民大学与重工业部的协作高度重视，在他的提议与指导下，1951年10月，学校正式成立“中国工业情况研究组”，其组织分工为按专业分组，各组具体划分小组，系主任、教研室主任、教员为小组成员，工业部门分派专人作为指导员，从事专门问题研究，以解决教学中中国工业经济、工业技术及经营管理方面的疑难问题。

1951年2月16日，胡锡奎副校长给刘少奇同志上报的报告
档号：1951-SX12.11-119

三、学校与国家部委联系取得的实效

1951年12月1日《人民大学周报》发布了以吴玉章、胡锡奎、成仿吾三位校领导联合署名的《认真贯彻教育方针工厂管理系与工业部门建立正常联系的通报》。通报指出，“我校在创办和摸索过程中，已经取得的经验之一——采取一切有效办法与各有关业务部门建立密切联系，充实教课内容，使中央规定的苏联经验与中国情况相结合、理论与实际联系的教育方针，得到了初步实现”。

学校与国家部委的合作带来了明显效果。一是解决了学校技术方面教员缺乏的困难。在1951年1月至11月，各工业部来校承担上课任务的教员已达22人，分别主讲纺织、冶金、机器制造、石油、采矿、电力六门课程，总时数544小时，每位教员都能各就所长，分段讲授，大大充实、丰富了课程内容。

二是增加了对实际工作情况的了解。中央财政部派人定期向财政教研室介绍现行财政实际执行情况，对有关中国财政问题做系统讲授，邀请财政教研室教员列席旁听专业会议，并提供除绝密材料外的其他财政相关资料。

三是为学校师生去企业参观、实习提供了便利条件。在重工业部等工业部门的协调下，工厂管理系曾在1951年暑假期间前往河北唐山、北京石景山参观各一周，琉璃河水泥厂参观一次，北京机器厂参观一次；工业企业组织与计划教研室教员们到重工业部实习一周，之后又组织了一次到天津的实习；专修科工管班及本科计划系同学到石景山钢铁厂和清河制呢厂去参观；寒假组织研究生及专修科工管班到天津及北京市近郊工厂实习。

四是为科研工作提供帮助。财政部帮助审查财政教研室编写的中国财政讲义及科学论文，并按照课程题目给予专门指导，或召开小型座谈会。重工业部全体司长、计划司全体工作人员曾分别来校参加座谈会，研究如何深化联系和合作，讨论有关专业问题。专修科毕业时，他们检查学生学习的效果，并提出宝贵意见。

学校也对有关部门给予了力所能及的支持。工厂管理系曾帮助工业部门翻译了部分冶金工作材料，分派教员帮助重工业部400余名干部及钢铁局、燃料工业局、电业局干部学习政治理论并答疑解惑；帮助工业部门干部学习业务，审查训练班教学计划；主动给各部委送去苏联专家的业务讲义，苏联专家基可夫曾多次前往燃料工业部做现场报告，总计时长达16小时。在1954年4月高等教育部召开的中国人民大学教学经验讨论会上，中国人民大学研究部副部长张腾霄做的《中国人民大学科学研究工作的经验》报告中专门讲道：“教研室与业务部门也建立了联系，使得我们有可能大量地搜集实际材料，使科学研究与实际结合起来”。学校举行的科学报告会也经常邀请业务部门的代表参加，论文都尽可能请业务部门审查，业务部门可以了解学校研究的情况，给予鼓励和支持。张腾霄还列举了两个具体事例：学校教员撰写了《论建筑业产量指标》一文，建筑工程部就提出，这篇论文介绍了苏联的先进经验，根据预算单价来计算建筑业的产量指标，这是很好的，但对我们目前建筑业的具体条件研究不够，实行起来的层层困难问题，没有在论文中得到解决。他们建议学校教员根据我国的具体情况来分析和说明采用这种先进方法的可能条件，以及如何创立条件来逐步运用这种方法；并且愿意帮助教员到目前国内的几个先进施工单位去进行调查，搜集材料。另外还有《矿井的图表管理与调度工作的研究》一文，在1954年学校科学讨论会上做了报告后，燃料工业部指定了煤矿管理总局副局长来协助教员做进一步研究。

学校命名组建初期与国家部委的沟通与联系，收到了良好效果，开创了双赢局面，为此后学校与部委的合作打下了良好基础，与国家部委的紧密联系就成为学校的一大特点。此后，20世纪60年代初，工业经济系教师参加制定“工业七十条”，经济、计划、统计等系数十名教师到国家计划委员会参与调查研究、承担部分任务，参加了对新中国成立以后经济建设工作经验的总结；中国人民大学被正式列入参加每年国务院召开的全国计划会议名单，成为参加全国计划会议的唯一高校。这些都加强了学校与国家主要经济管理机关的密切联系，对于学校教师了解全国相关情况、开展科学研究工作起到了重要作用，这也可以看作是学校与国家部委紧密联系这一传统的延续。

（蒋利华）

有朋自远方来

——中国人民大学20世纪50年代的外事接待

以米哈伊洛夫为首的苏联青年代表团在欢迎会主席台合影
档号：1950-SX12.14-41

20世纪50年代，作为新中国高等教育成就的展示窗口，中国人民大学引起了各国来华代表团的关注。除了有全国数量最多的苏联专家长期在校指导、帮助工作外，学校也不时接待外宾来访参观，国际交流工作渐趋活跃深入。

1950年5月2日，米哈伊洛夫率领苏联青年代表团访问学校并做报告，学校文工团表演了“国歌合唱”“中苏友好腰鼓舞”等表示欢迎。9月27日，世界民主青年联盟代表团来校参观，代表团一行参观了校园和图书馆，与学生代表、劳动模范李凤莲亲切交谈。这两次来访虽然没有留下详细文字材料，但是照片档案为数不少，从中可见现场气氛热烈友好。

1950年学校还接待了受邀参加开学典礼的苏联塔斯社记者罗果夫、苏联对外文化协会的谢列金及来宾苏达尼科夫。1950年第一次有较为详细文字记录的外宾接待是12月20日，捷克斯洛伐克访华代表团参观学校并召开座谈会，副校长胡锡奎、成仿吾，教务部副部长李培之，秘书室主任阎子元参加。接待人员简要介绍了学校基本情况，并就捷克斯洛伐克代表团提出的考试形式、教员数量、学生政治面貌、研究生教学情况等问题一一予以介绍。

中国人民大学文工团欢迎苏联青年代表团演出会场
档号：1950–SX12.11–89

世界民主青年联盟代表团来校参观
档号：1950–SX12.14–8

匈牙利访华代表团与校长握别
档号：1951-SX12.14-19

1951年4月15日，中央人民政府新闻总署国际新闻局来函感谢学校对捷克通讯社及《红色权利报》特派记者万纳、苏联塔斯社驻中国总分社记者罗果夫、朝鲜中央通讯社驻中国总分社社长金圣荣组成的代表团的热情接待。此外，学校还接待了朝鲜访华代表团和匈牙利访华代表团。

根据档案，大规模的外宾来校始于1952年，有档可查的外宾接待有21次之多。1952年4月印度派团来校，吴玉章等校领导，教务部、各教研室派出代表和劳模学员代表参与接待工作，这是学校第一次接待来自非社会主义国家的代表团。1952年9月和10月，印度和平会议代表团一行40人，印度使馆公使夫人、知名作家、艺术家、诗人等印度各界友好人士又先后三次来校参观访问；5月份意大利班菲、罗阿、潘齐尼、法奇一行4人来访，吴玉章校长、成仿吾副校长及教务部、教研室和劳模学生代表共17人组成接待组。9月9日，吴玉章校长和胡锡奎副校长又接待了意大利《前进报》的记者杜米亚蒂。当年英国、法国、智利等国也多次派代表团来访。1952年10月2日至13日，亚太区域和平会议在北京召开，此次会议是1952年3月由宋庆龄、郭沫若等知名人士根据世界和平理事会和国际和平保卫者的热诚建议，联名邀请亚洲和太平洋区域的和平人士共同发起的。出席开幕式的有正式代表344人，列席代表34人，共378人。会议期间，各国代表纷纷来学校参观访问。

1953—1954年，学校有专题汇报的外宾接待共27次，印度的官方组织、社团、个人等来参观交流8次，成为来访次数最多的国家。苏联、民主德国、日本和保加利亚也达到了两年三次来访的频率。这两年的来访外宾中除了国家官方组织和代表外，学者个人、行业个人来访增加，相互交流的内容更深入、详细，来访外宾也对自己国家的情况进行介绍，增进了学校对国外相关情况的了解。

1955—1956年外宾接待达到高峰，共36次，其中埃及、蒙古国、苏丹、荷兰、南斯拉夫等首次派代表团来校交流。来访的国家数量、人数、所涉及行业和专业都有增加，学校参与接待的院系和教研室更加广泛，参与接待的人数也有明显增加。

据《中国人民大学1957年接待外宾工作的简要报告》记载："（1957年）我校共接待外宾参观访问12起，包括9个国家，外宾20余人。这些外宾有的是代表团，有的是代表及外国驻华的外交官员。接待过的外宾主要有：波兰科学代表团，印度统计代表团，日本科学代表团，越南科学代表团，德意志民主共和国统一社会党中央委员、经济学家库钦斯基，罗马尼亚巴洪大学教授麦里奈斯库，苏联广播电台最后消息部国际问题评论家佛京等。这些外宾当中多数是一般参观访问，惟罗马尼亚巴洪大学教授麦里奈斯库教授是按照中罗文化协定1957年执行计划，专门到我校进行社会科学的教学与科学研究工作的考察。这位外宾在我校接触了半个月，对于我们的社会科学各系作了比较详细的考察，在我校接触的人员也较为广泛。"1957年的外宾来校访问已不像之前几年大部分集中在"五一"和"十一"前后，而是比较分散，数量上也较过去大大减少。这一年外宾的参观访问基本上是两种情况：一种是来校座谈参观访问，主要是了解教学和科学研究工作及学校管理工作等方面的情况和经验（有的是专门访问一个系或某一位教授的）；另一种是只是参观校舍环境、学校设备等。

1958年由我校组织接待匈牙利教育代表团在北京、上海、杭州、广州、武汉、天津及东北等地进行了一个月的教育考察，他们主要针对政治经济学、哲学、新闻、经济地理等专业做了详细深入的访问，尤其关注了我国教育方针的贯彻情况。

为了做好接待外宾来访工作，学校每学年初均根据学校的发展变化，撰写接待外宾时用的情况介绍，概括说明本校发展历史、组织、机构、教学、科学研究等情况，便于我校接待人员全面准确地向外宾介绍情况，接待外宾的人员，都需经校领导亲自审定。

外国朋友来校访问
档号：1957-SX12.14-42

20世纪50年代初期，外宾访问中国人民大学多数是通过人大了解中国新型高等教育的基本情况，通过座谈了解新中国的工业、农业、商业一些基本情况和国家的相关政策及发展规划等。从接待外宾工作的流程上看，都是从校领导介绍学校基本情况开始，到参观校舍、图书馆、教研室等，参观过程中回答外宾的提问。时间比较充裕的情况下，会安排主题座谈，进行双方情况的深入交流和探讨。从1954年开始，出现外国专家专门来校做学术报告的项目，外宾来访开始从单纯参观访问步入到深入进行学科学术交流的新阶段。我校的接待人也从校长、教务部负责人员扩展到相应专业、学科教师，外宾接待工作更深入细致，中国人民大学开始走向真正意义上的国际学术交流。到1955年和1956年，比较深入的学科、专业领域的交流已大大超过了参观性质的来访。在1957年到1959年外宾来访渐少的状况下，来到具体的系所、专业、教研室参观访问的外宾还是占到了多数。

胡锡奎陪外宾参观图书馆
档号：1957-SX12.14-1

中国人民大学20世纪50年代的外事接待是学校迈向国际化的开始。外宾接待工作由校舍的参观、基本情况的了解到深入探讨学术问题，是学校国际化不断深入的体现，许多外宾通过参观访问中国人民大学来了解新中国的建设成就和国家相关方针政策，中国人民大学也为新中国的对外交往做出了贡献。

（胡玲玲）

临别肺腑言

——记苏联总顾问古德廖佐夫

本校蘇聯顧問古德廖佐夫同志離校歸國前臨別講話

——在教學行政領導幹部歡送會上——

一九五四年六月二十

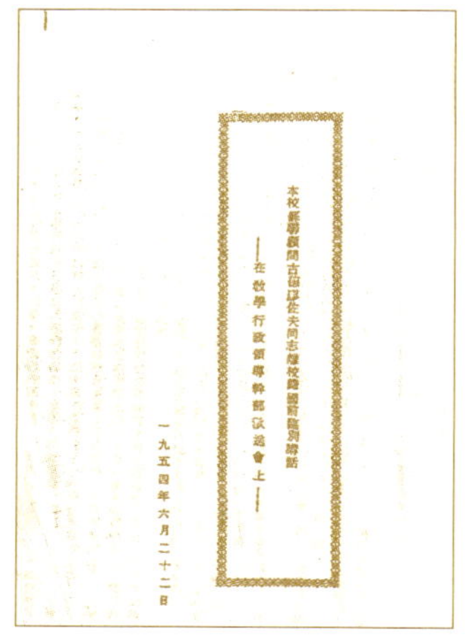
1

本校蘇聯顧問古德廖佐夫同志離校歸國前臨別講話

——在教學行政領導幹部歡送會上——

一九五四年六月二十二日

古德廖佐夫同志离校归国前临别讲话整理稿（部分）

档号：1954-XZ11-XB-17

1950年—1957年，中国人民大学正式命名组建的最初八年间，学校先后聘请苏联专家共98人，其中大部分专家都进入校、系属各教研室开展教育指导工作。当我们追忆往昔，去寻找那些承担各专业教学研究指导工作的苏联专家素材，我们可求诸当时的教学档案、专家们编纂的教材讲义、学生发表的学习感言，有时还能幸运地找到一两张珍贵的照片，从而可以集合起这些文档、著述、心得、图像来比较生动地还原这些苏联专家在华工作的状态。相比负责专业教学指导的苏联专家来说，作为学校总顾问的苏联专家肩负的是更加繁重的工作，但是尚存的图文资料却少之又少。学校第二任总顾问、苏联专家古德廖佐夫同志（Кудрявцёв И. А.），1951年来校接替前总顾问安德里昂诺夫同志。古德廖佐夫在中国人民大学工作了三年之久，1954年6月21日的《本校苏联顾问古德廖佐夫同志离校归国前临别讲话——在教学行政领导干部欢送会上》，最能够体现他在中国人民大学付出的心血。7 500字左右的中文记录稿，虽然没有任何关于古德廖佐夫个人工作的日常细节，但却清晰地表达了他对中国人民大学工作的回望、思考、忠谏与鼓励。

幸好还有李新同志（历任中国人民大学教务部副部长、党委副书记，并曾兼任团委书记）回忆录《流逝的岁月》的片段能够帮助我们形成对这位苏联总顾问的人物印象，我们才能更深入地去理解这一份临别讲话记录中的话语和情感。李新曾这样描写古德廖佐夫："古德廖佐夫是十月革命前的老党员，莫斯科档案学院院长，在战争中伤了腿，走起路来一拐一拐的，但他经验丰富，善于处理问题。"在一次学生游行事件解决方式商议的过程中，李新记述道："他虽说不干预我们的事务（苏联政务院对苏联专家在华工作期间的要求），但临走时还是一再叮咛，不要与学生对立，对年轻人要多加劝导。多么可敬可爱的老人啊！”[1]正是这样一位可敬可爱的老人，才会在临别时讲出这样的语言：“我有这个责任来讲一讲”，“请允许我老老实实地不客气地说吧”，“我必须这样直率地说”……处于成长阶段的人民大学所发生的每一处问题，都得到顾问古德廖佐夫恳切而又不失严厉的指点。这篇临别讲话本是出自当年教学行政领导干部参加的欢送会上，总顾问古德廖佐夫并没有讲过多的惜别之辞，而是对人民大学三年来的工作条分缕析，使得这篇临别讲话成为当年人民大学工作成果与面临问题的直接写照。

中央人民政府及党中央给予中国人民大学的任务，在古德廖佐夫同志看来有两方面：一是为国家机关培养经济工作人员，二是要学习苏联经验来开办大学。人民大学作为“一个先进的具有先锋作用的学校”，其经验应该成为建设和改造中国高等教育的基础，所以上述任务是责任重大、性质特殊的。在两个月前（1954年4月）高等教育部召开的中国人民大学教学经验讨论会上，通过胡锡奎同志的《学习苏联与中国实际情况相结合的经验》[2]，各大学的代表们对中国人民大学给予了高度的评价。对于已有的成绩，古德廖佐夫肯定了学校同志们的努力，但却认为别人的评价太高了，担心同志们沾沾自喜而“冲昏头脑”。他直截了当地指出：“我们只走了第一步，今后的任务还要复杂得多，我们必须紧张地工作。”带着深深的责任感和紧迫感，古德廖佐夫对任务清楚的认知和对成绩冷静的思考促使他进一步点明人民大学工作存在的困难并阐述了他对于克服这些困难的想法。

学习苏联办大学的经验，即学习苏联大学的教学和科学研究工作方法，使培养出来的学生确实达到高等学

---

① 李新.流逝的岁月：李新回忆录[M].太原：山西人民出版社，2008：312-313.

② 档号：1954-XZ11-XB-12.0005.

校教育层次的培养要求。但当时人民大学与苏联的大学在“教”与“学”两方面存在明显差异，学习苏联并不是一件容易的事情。第一，人民大学教员年轻，具有学位的教员少，而且85%的教员只能教书，还不能算作科学干部①。第二，人民大学学生成员普遍文化水平较低，一般知识的储备都不够，而人民大学作为高等学校，既需要弥补学生的一般知识储备，同时也需要完成高等学校学习内容的教学。正因为“教”“学”都与苏联的高等学校有差距，古德廖佐夫首先希望领导干部、教员、学生都应认识这些困难，才能共同去克服这样的困难。

那么克服困难，提高教学培养工作的质量，可以从哪些方面去发力呢？古德廖佐夫就教研室工作、选送留学生、旧知识分子改造、学生学习质量以及系主任工作五个方面指出了具体的问题并给出解决问题的思路。这五个方面可以基本概括出当时人民大学教学培养工作的情况。

第一，提高教研室工作质量主要就是提高教员质量。老的教员培养方法是“专家教，教员学”，“有的教员听专家讲授的课程已不止一遍”。由专家到教员再到学生的这种授课模式在1952年以前非常盛行，可是教员虽重复用功却效果欠佳，显然这种方式效率不高。1952年以后逐渐转变为由专家为教师做专题讲授和系统辅导，专家以教研室科学指导员的身份指导教师备课及开展科学研究②，这才逐渐形成了更有效率的教员培养方法——培养教员成为科学干部。然而直到古德廖佐夫发表这篇讲话的1954年，培养科学干部的问题仍然作为讲话中第一个被指出的问题，这是因为他看到：不是所有的教员都能将科学研究工作看

---

① “科学干部”一词，当时指既可以完成教学任务又能够承担科学研究工作的干部。

② 吴惠凡，刘向兵．苏联专家与中国人民大学学科地位的形成：1950—1957年苏联专家在中国人民大学的工作与贡献[J]．中国人民大学学报，2013，27（06）：143-151.

作自己工作中的有机的一部分，有些教员把科学研究工作当作一种“困难”的、“悲哀”的任务。因此，古德廖佐夫明确道：“高等学校教员如果不是一个科学干部，就不能做教员。”他要求教员要转变对于科学研究工作的观念，中国的教员应该认识到自己是可以做科学研究这样的工作的，而且应意识到这样的工作是必要的。教授和副教授应率先开始科学研究工作，而且给学生进行的专题讲授和专题作业应该与自己的研究课题有关，这样才能找到研究和讲授之间的关联。

第二，选送留学生不是培养科学干部的唯一正确方法。有些同志有这样错误的认知：“只有到苏联才能成为科学干部，在人民大学就不能成为科学干部”。实际上，把教员、学生送到苏联去学，还是逃不开“专家教，教员学”的模式。中国的大学若要提高教学质量和科学研究水平，就必须真正地开展起科学研究工作，拥有自己的科学干部，不全盘依靠国外、不依赖苏联专家，才能促进知识水平、工作经验的全面提升。到苏联去学习应该是一种附带的方法。因此，人民大学内部应创造条件培养科学干部，而且人民大学培养出的科学干部在科学与知识水平上应可以与其他地方培养的科学干部比肩。教员、学生应当早一点将自己提高成为一个科学干部，而不是等待机会到苏联去之后再提高成为科学干部。这样的思考立场放在当今的硕士、博士研究生培养及青年教师的发展上也是成立的，直至今日，人民大学的科研人才培养目标仍是向着世界一流大学的科研人才培养水平看齐。

第三，“旧知识分子”改造可以与科学研究工作结合。古德廖佐夫希望人民大学能从中国科学院等单位吸收优秀的知识分子进来一同工作，这些知识分子知识水平高，可以领导教研室研究生学习，同时人民大学也能帮助这些“旧知识分子”获得思想方法和政治进步，双方相辅相成。古德廖佐夫指出，中国的知识分子大多是拥护新政府成立的，这比当年苏联的情况要好得多，然而要使知识分子站在马克思主义的立场上研究业务，这个争取的工作是长期的、琐碎的。他希望人民大学能够基于以上情况，从教研室工作安排上积极促进科学研究工作的开展，使科学研究工作、科学讨论会、科学争辩会及各种小型讨论会在教研室工作中占更多的分量，并多请校外的同志参加。

第四，提高学生的学习质量是有办法的。建校初期，中国人民大学大部分学生的特点是：参加过革命工作，具有工作经验，觉悟高、有责任感、学习态度好，但科学文化知识基础差。这就导致学生普遍在政治理论课方面表现较好，而在业务课方面表现较差；学生习惯于动手，不习惯看书动脑。古德廖佐夫认为首先要让学生习惯于坐下来学习，再谈学习制度和学习方法。对比苏联的大学和中国人民大学，学习制度的形式是一样的，但是内容有差距，人民大学学生课堂讨论、课堂作业、自习、小组讨论会的内容都囿于笔记，学年作业、专题讲授、专题作业这样的高级教学内容还不能开展。这样的学习制度导致学生的知识范围难以拓展，创造性被死记硬背扼杀，同时也限制了学生利用专业知识进行独立工作能力的培养。对学生来说，应尽快开展课堂讨论和专题作业，要求读参考书、做创造性的发言，以培养研究能力。同时教员也要做充分的准备，校部、系主任和教研室主任应提高学习要求，教学大纲、课堂讲授应该向水平较高的学生看齐，不应该过多迁就掉队的学生。若出现学生学习掉队的情况，学校领导、教员应尽力帮助学生达到要求，而不是降低要求。关于教学要求严格程度的讨论，如：课程考试是否还应出现依靠背记即可解答的选择题和判断题，论述题如何设置才更有利于了解学生的真实能力，怎样开展实践作业更合理，课程评定结果的优秀率是否应该控制……以上种种，直到现在也仍是各高等学校在制定教学大纲、学习制度、考查方式时需要去考虑和论证的问题。

第五，系主任不应该成为学生的“保护者”。当学生表示课程太困难的时候，系主任就同意少考几门，但是系主任对于少考试造成的教学要求降低却不再过问。等到学生毕业考试的时候，总会出现不及格的情况。古德廖佐夫毫不客气地把这称为“工作中的废品”，他强烈地要求系主任应当注意教学与学习的质量，对教学质量负责，对于已经发生的问题，要实事求是，积累教训。因为，“（人民大学的教学工作）是我们共同的事业，是大家的事情”，古德廖佐夫非常不希望一些错误的想法导致工作整体质量的下降，影响到为新中国培养人才这一根本任务的完成。

古德廖佐夫在最后讲道：“我深信人民大学的全体同志们过去、现在和将来都会很好地工作，使我能够在行将离去以及回国以后，得以宽慰而无所忧心。”彼时，这位即将踏上回家路途的老专家，对人民大学的千思万虑都化作这一篇临别之辞。恍然已过一甲子，对这位昔时的领路人，很遗憾我们不知其归去后的境况，而当我们重新捧读这篇温暖的讲话时，足可以用今天的成绩告慰1954年那一颗情真意切的心。

（常松岩）

校部行政管理机构的设置

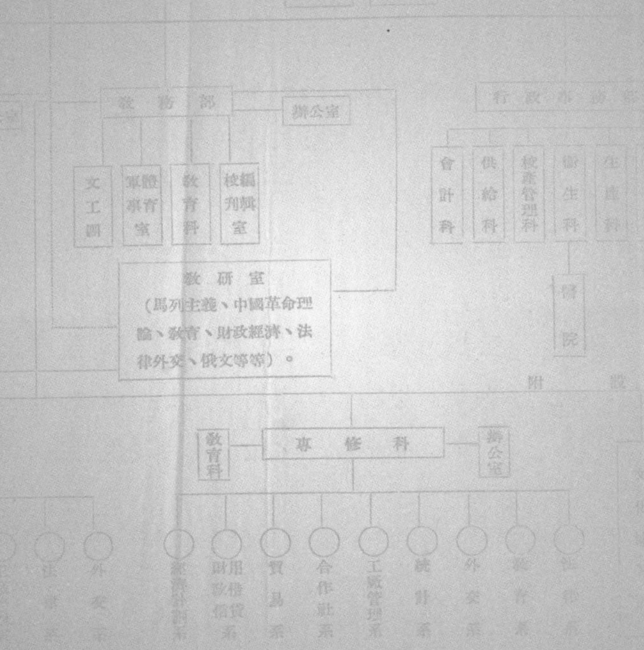

中央做出成立中国人民大学的决定后，学校筹建工作紧锣密鼓地展开。命名组建之初，学校校部行政机构非常精简，到1950年3月，仅设有办公室、教务部、研究部、行政事务部四个机构。馆藏档案存有1950年制订的行政事务部、教务部、研究部工作职责，以及《教务部工作条例》《研究部工作条例》等规章制度，充分表明在当时各方面工作极其繁复的情况下，学校依然把规范和完善行政管理机构的职责范围、工作任务作为重要工作来抓。

从这些档案来看，当时的行政机构设置突出体现了几个特点：

一是当时行政管理机构地位高，有着鲜明的“大部制”的特点。行政事务部由“正副校长直接领导”，教务部由“第一副校长兼任部长”（胡锡奎兼任），研究部由“第二副校长兼任部长”（成仿吾兼任），因此这三个部都是由副校长直接领导的机构，便于对工作的统筹协调。

二是机构职责范围广，头绪多。行政事务部“负责全校行政事务工作，如供给、管理、修建、生产、卫生、勤杂人员的管理教育等工作，从物质生活上保证学校教育计划的完成”，“依工作性质之不同，下设会计科、供给

中國人民大學教務部工作條例

一、教務部為本校的一個獨立工作單位，部長在校長領導之下，領導本部工作。

二、教務部的職責如下：

1.領導全校教學進程的工作。

2.領導各教研室的教學方法工作。

3.監督各課進程和考試底進行。

4.審查和製定教授、教員及教學輔助人員的編制草案並呈請校長批准之。

5.審查教研室有關教學工作的計劃，並呈請校長批准之。

6.製定課程表與測驗、考試時間表。

7.領導各教研室編製講授提綱，並呈請校長批准和付印。

8.製定教學工作各種材料案卷報告表格和編製各課學習成績報告表格。

9.編製綜合教學成績總報告及其申請書。

10.領導學校圖書館。

11.保証各系學生按計劃進行生產實習並監督其執行。

12.檢查教員教學工作定額並監督教研室遵守編制規定。

13.審查及製訂各學系教學工作計劃，並呈請校長批准之。

14.組織招生考試委員會並組織和監督招生考試的工作。

15.按計劃約定編寫和付印各種教材。

16.組織教學和教學方法的討論會、座談會、展覽會和其他會議。

17.直接領導全校性的教研室。

18.解決其他各種關於教學方面的問題。

三、為了執行上述第二條的職責，教務部得：

1.向各系主任、各教研室主任及專修科主任發有關教務部工作範圍內問題的書面指令及口頭指令。書面指令由部長簽署。

2.要求各系主任、教研室主任、專修科主任按照規定期限送交有關教務部職責內的計劃、報告、預算、意見書等。

3.指示和輔導系主任、教研室主任、專修科主任編製預算、計劃和報告等。

4.約見系主任、教研室主任及專修科主任彙報並解決教學方面的問題。

5.召集系主任、教研室主任舉行有關教務部工作各種問題的會議。

6.審查講授與實習底內容和方法，審查測驗與考試底內容和方法。

四、教務部設下列組織機構：

1.教務科：(1)課程組。(2)生產實習指導組。(3)編制檢查員。(4)統計員。

2.秘書科：（秘書、速記員、打字員）。

圖書館及其閱覽室在教務部部長領導下進行工作。

中国人民大学教务部工作条例

档号：1950-XZ11-XB-22.0005

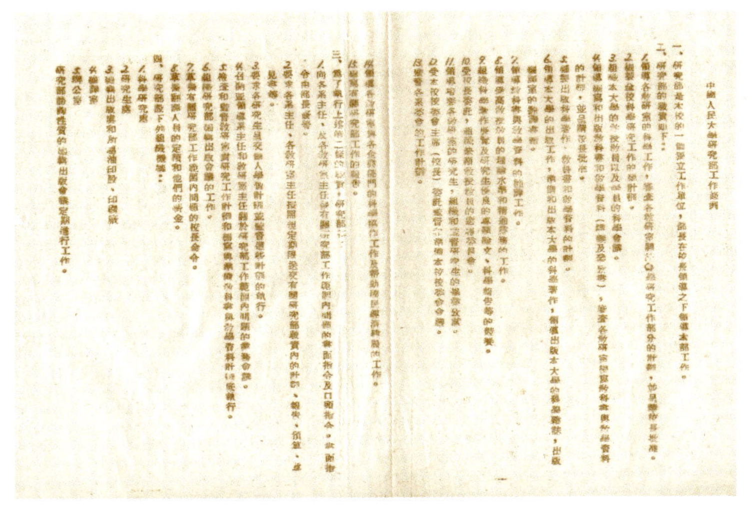

中國人民大學研究部工作條例

一、研究部是本校的一個獨立工作單位，在校長的直接領導之下領導本部工作。

二、研究部的職責如下：

中国人民大学研究部工作条例
档号：1950-XZ11-XB-22.0008

科、校产管理科、卫生科、保育院，及各总务科”。按其职责分工，除了现今后勤集团的所有业务工作外，还负责管理财务、资产、设备、校办企业等工作，甚至包括校医院的工作。

教务部“下设办公室、教育科、校刊编辑室、军事体育室、文工团等组织”。其具体工作：“一、组织学生的招考及入系。二、拟定教学计划，并组织其实施。三、拟定大课课程表，并组织其实行；批准各系专门课课程表，并监督其实行。四、制定学生考勤办法，统计与检查学生出席听课及实习、辅导的情况。五、规定考试、测验、记分办法，检查学生进步程度。六、组织、检查学生的生产实习。七、拟定有关教学方面的各种规则，严格监督学习纪律的执行。八、监督教学质量，提高教学效果，召开教学方法的会议。九、批准各教研室工作人员的教学工作计划，并领导其教学工作的实行，规定其工作数额、质量及休息时间。十、领导全校的时事政策学习。十一、领导工作人员的政治、理论及俄文学习。十二、领导学生的文化补习。十三、领导全校的体育娱乐活动，并监督全体学生的健康状况。十四、领导校刊工作。”由此可见，教务部担负了现今教务处、招生就业处、学生处、体育部、学术期刊社等部门所有关于教学事务的职能。

三是体现出对科学研究工作的高度重视。相对行政事务部和教务部来说，研究部的职责较为单一，重点是抓科研工作。组建研究部的目的是“为了不断提高教学工作干部的科学水平与教学质量”，研究部“具体工作如下：一、组织各系与各教研室的科学研究工作。二、组织科学研究会议。三、为大学校委会准备科学研究工作的问题。四、编写关于大学内科学研究工作的报告。五、批准各教研室与每人的科学研究工作计划，并检查其实行。六、领导培养与再教育科学教育工作干部。七、关于研究生的工作。八、指导资料室的工作。九、组织领导编译必要的教材与参考资料。十、领导出版业务”。教材出版处和图书馆都隶属研究部领导。这体现出科学研究在学校工作中占有很重要的地位，学校通过加强科研工作来培养高层次人才，实现人才培养目标。

四是机构职责体现出相当的时代特征。由于当时的历史条件，行政事务部还设有供给科、生产科等机构。“供给科设供给、煤粮调剂两股，负责全校被服、粮、秣[①]、伙食资料及其他物品的供给，并领导供销社工作”；“校产管理科设修建、家具管理、水电消防三股，负责全校房舍的修建，家具的购置与管理，水电的安装及消防的组织与领导等工作”；“生产科负责领导制粉厂、被服厂、农场等工农业生产工作，以辅助学校经费的不足”；“校直总务科设庶务、交通、招待等股，负责校直各单位的供给管理与全校的交通、招待及勤杂人员的管理教育与调动分配等工作”。由于学校命名组建之初，新中国也刚刚成立，正处于一穷二白的境况，办学经费、物资、设备都严重匮乏，为了保证学校的正常运转，为师生生活提供必需的保

① 当时仍有牲口拉车，故有喂养牲口的谷物等。

障，学校行政部门付出了极大的努力。

时值建校初期，很多工作尚未理顺，新的情况不断出现，很多工作内容需要随之变化，行政管理机构也进行了多次的调整。

1950年4月，办公室下设人事处。9月，办公室更名为秘书室，人事处单设，初称干部处，后改称人事处。同时，研究部增设科学研究处和研究生处。

秘書室工作條例

（一九五〇年）

一、秘書室爲校長的秘書行政工作部門，主任在校長領導之下，領導本室工作。

二、秘書室的職責如下：

1.典守校印校章。

2.草擬對外函件、重要函稿及全校性通知、佈告、命令等呈交校長批示之。

3.收集各處來件，本校各部、處以校長名義起草之稿件校長批示發辦理。

4.經校長簽署之文稿，負責打印、校對、封發、登記、存案等工作。

5.各處來件，除轉交有關工作部門辦理外，關全校性的則按類分別編號裝訂存檔。

6.秉承校長指示，聯系各部門，辦理交辦事項。

7.負責通知有關全校性行政會議，並担任記錄。

8.接見來賓，並負責組織各有關單位引導參觀招待工作。

9.管理校直單位報刊訂閱工作。

10.管理學校証章工作。

三、爲進行上述第二條職責，秘書室得：

1.秉承校長指示：

(1)向本校各部門發口頭或書面通知。

(2)準備行政會議工作與全校性臨時會議的工作。

(3)檢查督促決議事項之執行。

(4)草擬有關全校性工作的校長命令。

2.召開有關文件保管制度的研究會議。

3.指導全校各單位收發傳遞工作。

四、秘書室組織機構：

1.秘書。

2.辦公室（文書、收發員、打字員、油印員、速記員）。

秘书室工作条例

档号：1950-XZ11-XB-22.0003

1951年5月，图书馆改隶教务部领导。1952年8月，秘书室更名为校长办公室，研究部下属的科学研究处、研究生处和教材出版处一律改为科。

20世纪50年代，中国人民大学在新中国高等教育界独树一帜，学校行政管理机构的设置也成为其他高校学习的模板。在1954年高等教育部召开的中国人民大学教学经验讨论会上，中国人民大学教务部副部长李新、研究部副部长张腾霄还分别就教务部、研究部工作向与会百余所高校负责人和教育主管部门负责人做了介绍。

此后由于全校范围开展精简整编等工作需要，学校行

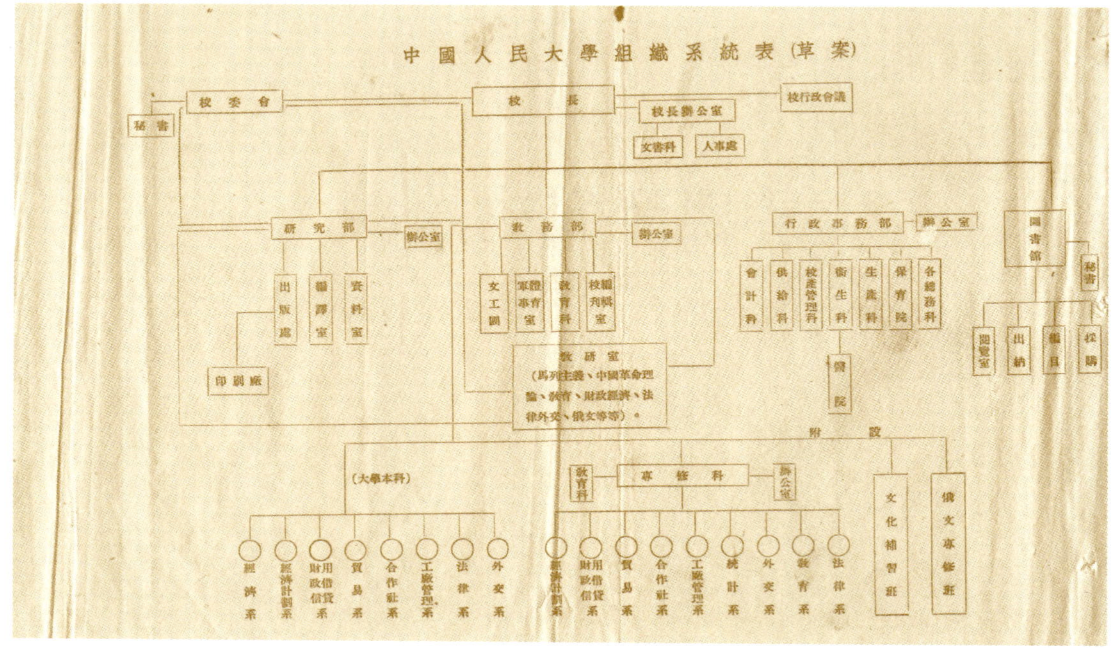

中国人民大学组织系统表（草案）

档号：1950- XZ11-XB-25.0001

政管理机构又有一些调整，但在20世纪50年代大体保持了“大部制”的机构设置状况，为当时学校的发展做好了组织机构的保障。

（蒋利华）

早期研究生培养

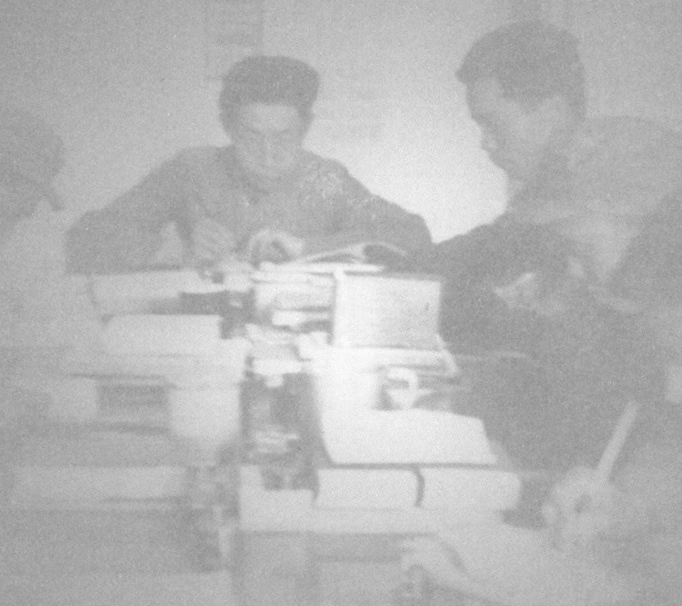

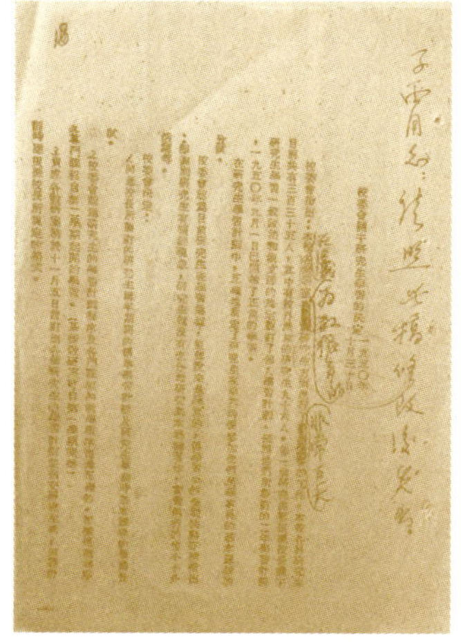

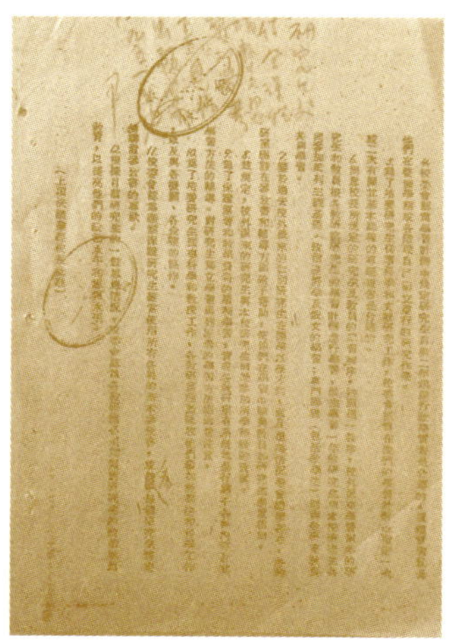

关于研究生学习的决定
档号：1950-XZ11-XB-5.0004

新中国成立后，高等教育领域面临着改造旧教育和建设新教育的双重任务。旧教育所遗留给我们的教学人员，无论数量还是质量都不能满足新的发展形势的要求。全国很多高等学府百废待兴，普遍缺乏新时期的师资力量。为充实各高校的师资，研究生培养工作成为解决问题的重要突破口。中国人民大学在1950年成立伊始，只有五十多个教师，学校把培养师资作为建校的首要任务，决定成立财金、俄文、马列主义、中国革命史问题、法律外交、教育等六个校属教研室，初步着手研究生培养工作。

研究生培养初期，各个方面都处于摸索状态，严重缺乏培养经验。随着苏联专家的引入，学校在原有六个教研室的基础上，陆续又成立了三十二个系属教研室，制定了研究生的教育计划，正式开始培养研究生的工作。教研室直接负责领导与培养研究生的任务，其对研究生的学习领导和组织是随着研究生人数的多少有所不同的。研究生人数少的教研室，是由教研室选择优秀且具有较高科学水平的老师负责进行；研究生人数多的教研室，是由教研室选择几位优秀的教师组成小组，协助主讲教师指导研究生的学习。而在有苏联专家的教研室，首先是由苏联专家负责指导研究生的专业学习。

在行政上各教研室隶属各系，共同课教研室（即马列主义基础、政治经济学、中国革命史、中国历史、辩证唯物论与历史唯物论等）则直属教务部，但其培养研究生的工作，又受到研究部的领导。研究部下设研究生科，直接负责有关培养研究生的教务行政工作，并检查与监督各教研室对研究生教学计划的执行情况，诸如组织研究生的招生，协助审查教学计划并监督执行，组织并检查共同课程的学习与考试，组织与监督毕业鉴定，等等。

在研究生培养过程中，苏联专家把先进的科学技术知识和教学经验传授给研究生，对于学校各方面人才培养与

1950年俄文教研室第一批研究生与导师契维克娃教授在校门口合影
档号：1950-SX12.12-174

建设工作起到了重要的作用，进而对改变过渡时期我国高等教育落后的状态产生了重大的历史意义。

苏联高等学校的研究生，入学前必须是高等学校毕业的优等生，他们都经过了系统的政治理论学习和专业知识的学习，获得了丰富的知识，并且具备了从事科学研究的能力。因此，苏联高等学校培养研究生主要是加深专业的学习，培养研究生独立工作的能力。

但人民大学命名组建初期招收的研究生一般均是由高等教育部统一从全国各大学毕业生或在职干部中，选拔出的思想相对进步、学习成绩较好的青年及一部分参加革命时间较早、有一定文化基础的工农干部，他们来源不同，政治思想水平和文化水平很不一致，学习动机、要求和表现也不相同。据相关档案描述，工农革命干部研究生，由于认识到党和国家事业的发展要求自己迅速提高，有的在工作中虽然也学习些理论知识，但比较零碎片断，原著书籍阅读不多，要求学习理论和专业知识都很迫切。但由于他们有些人文化水平较低，来校初期对系统理论学习感到不习惯。青年知识分子研究生，都是近年来高等学校的毕业生和少数高中毕业生，文化水平较好，但未做过实际工作，缺乏实际经验。他们绝大多数在新中国成立后受过一定政治理论教育，在政治思想上有很大进步。但是也有少数人政治背景复杂，对于马克思主义理论学习较少，思想意志不够坚定。过去在高等学校教过书的教师研究生，他们来学校进修，开始时除了少数以外，一般不愿意学习政治理论，认为马克思列宁主义没有什么可学，只愿意学习一些业务知识，一般都抱着“找材料”和“取经”的观点。在学习方法上，根据自己的一套计划进行钻研，不愿意系统地学习。

由此可见，虽然来校学习的研究生已经是从全国各地优中选优的人才，但相较于苏联招收的研究生，我校大部分学生文化水平较低且自修能力不足，一般没有经过系统的政治理论学习，知识领域比较狭窄。1956级马列主义基础系研究生王联福回忆道：“学习马列主义理论，我是从ABC开始。在开始阅读马恩的经典著作时，如同看‘天书’一样，甚感深奥，一度陷入困惑之中。第一学期考试的成绩只得了四分，在班里是中等水平。”

在这种情况下，学校结合自身实际，没有单纯采取研究生自修与独立研究的培养办法，而是采取课堂讲授与自修相结合的办法。系统来讲，培养方法主要分为四个步骤[①]。

首先，在课堂上，苏联专家（或中国教员）进行系统的讲授。讲授是十分重要的方法，一般来说，教师对本门专业课进行深入系统的讲授，对非本门专业课进行重点讲授，以便研究生深入学习本门业务。著名教授陈先达老先生便是中国人民大学1953级哲学研究班的学生，他回忆道：“当时给我们上课的主要是苏联专家，比较著名的

① 中国人民大学两年来培养研究生工作初步总结. 档号：1952-XZ11-XB-16.0006.

一个叫凯列。我们的课程主要是辩证唯物主义和历史唯物主义。此外还有其他理论课，如中共党史、政治经济学、联共（布）党史。”课后，学生根据讲授内容进行自修，阅读指定的参考书，并做读书笔记。王联福校友回忆道：“在开始读《共产党宣言》时，不知读了多少遍，几乎参阅了人大资料室里所有介绍《共产党宣言》的小册子。苦苦凝思，领其真谛。”“课后假日里，几乎全部时间，都在寝室、阅览室里度过。苦读马列，查阅资料，详做札记。”在学习过程中，很多研究生掌握不住学习方法，阅读原著困难，不会做提纲和读书笔记。为了解决这一问题，学校请负责同志和苏联专家做有关研究生学习方法的报告，组织高年级研究生座谈学习经验。在组织座谈时，学校根据不同对象的特点和要求，分别组织干部座谈会、教师座谈会、青年学生座谈会等等。

其次，学校制定了定期的考试、测验制度。1953级校友司徒锡钧回忆道：“每年‘五一’参加了天安门集会和游行后，我就做好计划，边上课，边复习，边准备期末考试。每学期考二门课，考期持续一个月。考完一门，隔十多天考下一门。考试方式是口试，由教师把这门课的全部内容编成不同题目。”“学期结束前，总结口试经验教训，主要抓如何改进学习方法，以利再战，争取下次考得更好。”定期的考试与检测制度，有效督促了研究生平时的学习，也使得研究生在考试期间能够把所学知识进行系统、全面的复习。

再次，为了培养研究生对科学研究工作的兴趣和科学研究能力，在专业课学习后期，研究生需要在专家的指导下，结合所学专业，有计划地撰写论文，这种论文是研究生结业性的学习，以进一步锻炼研究生独立自修与综合地运用所学理论钻研问题的能力，并为以后的科学研究打下基础。

最后，研究生在毕业之前要进行2～3次教学实习。学校培养的研究生是未来高等学校的教师，教学实习可以让研究生深入教研室，学习如何组织教学工作，初步培养其教学能力，获得教学经验，以准备担任教学工作。

由于当时学校及各兄弟高校普遍缺乏新时期的师资力量，在研究生的培养时间上，学校必须采取过渡的办法，力求在短期内培养出一批新的教师。1950年，在研究生培养初期，学校只办了一年制和二年制的研究生。后来，随着我国经济的高速发展，国家对人才的要求日益提升，教师培养的质量也亟待提高。除马克思列宁主义研究班保留部分一年制学习期限外，其他教研室均将研究生学习期限改为二年制，1952年9月，又调整为三年制。这样，研究生的学习时间比较充裕，便于学生在学好政治理论和一般业务理论课的同时，深入学习专业知识。

至1954年，学校早期共招收研究生3 274名，除中途因故调动的649名外，一年制毕业的265名，二年制毕业的668名，在校1 692名。陈先达、韩英杰、庄福龄等学校老一辈著名教授都是在这一时期培养起来的。毕业后的研究生，在校内外担任着各种专业课程的教学任务。一般来说，他们都能够系统地、正确地传达所讲授课程内容，完成教学任务。

早期的研究生培养工作，及时地为学校以及全国各兄弟高校培养了大量高质量教学人员，为新中国高等教育发展做出了重要贡献。研究生培养工作是新中国高等教育建设过程中不断攫取新生教学力量的源泉，更是高等教育事业长期发展的基本建设工作，重视并做好这一工作，对高等教育事业持续发展，有着极其重大的意义。

（甄佳航）

“老大哥”送来的教学法

1952年4月的一天。

学生甲：昨天马列主义基础教员讲授的俄国社会民主工党相关问题，我还没有理解透彻，明天上午又要进行习明纳（课堂讨论）了，今晚要好好读参考书。上次你在习明纳上的发言讲得真好，自己的观点很明确，我现在还只能根据笔记来进行回答，你准备习明纳有好的经验吗?

学生乙：我一般会仔细研读课堂内容，列出一个简要的提纲，对照提纲去复习，能有很好的巩固效果。我准备发言的时候，就本着既不太短也不过长的原则，把自己复习时产生的想法与观点说明。当然，还有重要的一点是，发现自己对所学内容有疑问，就要在下堂课开始之前及时解决。

学生甲：很有道理，我也要试试列提纲的方法。下个月就要学期考试了，该动手做复习计划，开始系统的、多方面的复习了。这次要在更多课程上取得“优”的成绩!

学生乙：咱们可以组成复习互助小组，互相提问、补充，这样知识掌握得更牢固，理解也更深刻。对了，考完试就要进行生产实习了，这是第一次生产实习，咱们要去国营农场，我从现在起就盼望着能在生产实习中得到锻炼!①

这样的对话内容在1952年中国人民大学的学生之间应该是经常出现的。仅通过这一个小场景，就可以反映出当时学生所接受的教学方式是怎样的。讲授、习明纳、考试、生产实习……这些教学环节带有鲜明的苏联特色。1949年12月，中央人民政府政务院第十一次政务会议通过

---

① 对话根据以下档案素材进行编写：《为胜利完成考试任务而努力 怎样准备“马列主义基础”课程考试》（《人民大学周报》，1952年5月30日，第2版），《我班的“课堂讨论”》（《人民大学周报》，1952年4月2日，第2版），《校学生会学习部号召全校同学为胜利完成考试任务而努力》（《人民大学周报》，1952年5月14日，第1版），《我保证完成到国营农场实习的任务》（《人民大学周报》，1952年5月30日，第3版）。

的《关于成立中国人民大学的决定》中，明确写道：“为适应国家建设需要，中央人民政府政务院决定设立中国人民大学，接受苏联先进的建设经验，并聘请苏联教授，有计划、有步骤地培养新国家的各种建设干部。”为了全面地学习和推广苏联经验，中国人民大学聘请了一批苏联专家，这些专家在人民大学期间的主要工作之一就是把“老大哥”的大学教学经验送到中国来，帮助人民大学建立一套高等教育制度和教学方法。从总体上来看，中国人民大学的教学计划，基本上是以苏联的教学计划为蓝本，结合中国具体情况编制而成。苏联编制教学计划的基本原则有以下三点①：第一，政治理论课与专业课相结合，专业课与基础课相结合。无论哪一种专业都是将马克思列宁主义理论和此专业所需的一般科学知识有机地联系起来，并在此基础上加深专门的具体业务和技术的教育。第二，理论教学与实际应用相结合。在课堂教学中，除讲授以外，课堂讨论、课堂实习、实验以及各种作业都占有很大的比重，这些教学环节都是使学生将已获得的理论知识应用于研究实际问题的过程。第三，教师在教学过程中的主导作用与学生独立研究的能力培养相结合。教师的讲授是为了让学生得到基本的系统的知识，是教学过程中的主导环节。除此以外，诸如讨论、实习、作业等，都是在教师指导之下来进行的。涵盖讲授、自习和作业、课堂讨论和实习实验、生产实习、考试和测验等环节的这种教学模式也被称为苏联教学法。究竟这“老大哥”送来的教学法每个环节都指的是什么样的教学方式?它在人民大学又是如何开展的?以下就来分别介绍。

① 中国人民大学学习苏联经验的总结报告. 档号：1954-XZ11-XB-33.0003.

讲授

讲授是十分重要的方法。在当时学习资料非常匮乏的情况下，学生对于每一门专业课程中每一个知识点的了解几乎全部依赖于教员的讲授。人民大学对教员的讲授水平有以下五点要求：（1）应具有相当高的思想理论水平。一切课程的讲授都必须以马克思列宁主义的理论作为基础。（2）应尖锐地反对资产阶级的思想体系。（3）应阐明所学课程的科学原理。（4）应遵守该课程的讲授提纲，内容要完整，叙述要严谨。（5）语言应明确、通俗、表达清楚生动①。此外，对研究生和对本科学生的讲授，也不应该完全一样。教员为研究生授课时，还需要更多地传授分析问题的方法，从而培养研究生独立深入分析问题的能力，对研究生也要布置更多的参考书②。实际上，在当时学生水平参差不齐、课时安排又非常紧张的情况下，教员的讲授能合乎上述要求并不容易，教员很难让学生获得独立思考的能力。苏联专家曾在座谈会上指出教员讲授存在的缺点：教员还不能在课堂上着重阐明讲题中的主要问题并为学生梳理知识线索，也不能在自己的讲授中引导学生去思索这些主要问题，而是把主要的、次要的甚至更次要的问题都讲了；而学生则是按照教员所讲内容紧张地进行抄写，很少集中思想考虑教员所讲的各项主要问题，只顾记好笔记，这是不正常的现象。为了改正这些缺点，改进教研室工作、加强教研室讨论学习成为重要的抓手。苏联专家要求在各教研室：（1）经常讨论教员的讲稿，使教员掌握正确的讲述问题的方法；（2）在教研室会议上讨论课堂讨论提纲以及主导讨论的方法；（3）在教研室会议上，讨论有关总路线方面的理论问题，以提高教员理论思想水平；

---

① 中国人民大学的教学方法（草稿）. 档号：1953-JX13-B-12.0001.

② 中国人民大学培养研究生的工作. 档号：1954-XZ11-XB-33.0008.

（4）与其他教研室举行联合会议，讨论理论问题及教学方法问题；（5）组织教员互相听课及参加课堂讨论，并在教研室会议上讨论听课结果。这样，教员讲授具有统一的内容，引导课堂学习有了完整的方法，解决个别教员讲授中出现的缺陷有了改进的对策，人民大学教员的讲授在集体层面不断迈向更高的水平。

自习和作业

在当时教员数量少而学生数量多的情况下，学生若要深入透彻理解掌握知识，必须要在课外下功夫。当时人民大学在教学方法草案当中建议自习要占学生总的学习时间的三分之一到三分之二。学生自习主要需要完成以下学习任务：研读教员所指定的必读书和参考书，并整理笔记；准备课堂讨论和实习；完成作业以巩固知识。对教员来说，留自习作业必须严格计算学生完成作业的时间，以免造成单门课程负担过重。此外，整个自习时间内还应该给学生留出自选的科学、政治、文艺书籍及报纸杂志的阅读时间。

为帮助学生更好地完成知识的学习，学校还要求教员进行辅导。不论主讲人还是组织课堂讨论和实习的教员都要给学生上辅导课，而学生参加辅导以自愿为原则。辅导的任务，是帮助学生掌握课程内容，研究该课的参考书，以及帮助学生准备课堂讨论和实习。在辅导课上，教员要回答学生的问题、帮助学生研究该门课程或检查学生的自习情况、检查学生的摘要和笔记、指导学生的自习方法。相比于现在学生的自习，那时的自习类似于一种集体活动，是课堂讲授的补充。

课堂讨论和实习

课堂讨论和实习的任务是一致的，每门课是采用课堂讨论抑或实习的形式，是由教研室根据课程性质确定的。进行课堂讨论的课程包括马列主义基础、政治经济学、中国革命史、经济地理、逻辑学、国家与法权理论，其他各课一般都采用实习的形式。各科课堂讨论与实习进度和大课进度一般是一致的[①]。

课程讨论，即是开篇对话场景中所提到的名词“习明纳”，也称为“习明纳尔”，是俄文单词 семинар 的音译。这是苏联教学法中教员了解学生对于所授知识领会程度的重要方法之一。进行习明纳时，教员要留心每一个学生的发言，正确判断他对于知识消化的程度，并随时给予分数的记载。“习明纳”的基本方法是“问答结合讲解”，问答的时间多，讲解的时间少。问答的作用在于教员可以督促同学复习与咀嚼大课内容，锻炼学生说明问题、分析问题的能力，了解同学对大课的理解程度。问答的问题不宜过大，过大则偏抽象，不易回答，费时间；也不宜过小，过小则偏琐碎[②]。计划统计系苏联专家维·米·布列也夫认为教员在主导课堂讨论时，应避免提出很简单的、两三句话即能解决的问题，而应提出复杂的问题，引导学生对不同观点进行争论、对问题进行全面的研究，最后教员将讨论引导到正确的结论上去。在争论中即便有不同的政治观点也不可怕，只有这种创造性的课堂讨论，才能更好地锻炼与发挥学生独立思考的能力，避免学习中的教条主义，以创造性地结合中国实际。

实习（практика）的主要任务是教会学生使用机械和器具的方式与方法，做实验、演算习题、辨认与绘制地图及图样、设计与制作各种账簿、分析和编制证明材料等。实习主要是文化技术性课程所使用的一种教学形式。在实

① 关于本科各系的“习明纳”与“实习”[N]. 人民大学周报，1950-11-25（2）.

② 如何做好“习明纳”[N]. 人民大学周报，1950-11-25（2）.

习课上，教员指导学生完成个人作业和小组作业，在学期末或学年末，教员须将学生每一个学期的实习测验成绩登入记分册内。除实习外，高年级学生还需要完成专题作业。专题作业是专业课程学习的继续，专业课的中心课题或重要问题可作专题作业的内容。一般学期的专题作业为一个报告或论文，学年的专题作业可以规定为两个报告或论文。

生产实习

生产实习是教学过程的一个有机组成部分，其目的是检查学生对专业理论的接受程度并进行巩固。学生在课堂上所学得的理论知识，应在生产实习中得到实际的运用①。1953年人民大学组织了第二次生产实习，相较1952年5月的第一次生产实习，学校更早地开展了各项准备工作，在规模上扩大了一倍，专业课程也更为复杂了：实习学生1 027人、研究生178人、教员279人，实习地区18处，实习机关企业62个，实习课程33门②。1953年，中国人民大学已经与鞍山钢铁公司、华北纺织管理局等单位订立了三至五年期生产实习合同，这些单位成为人民大学生产实习的固定基地③。档案中至今还存有当年中国人民大学与华北纺织管理局订立的生产实习合同，以及《华北纺织管理局短期生产实习办法》④。那时，高等教育部已确定人民大学为全国高等学校进行生产实习的重点学校之一，十分重视人民大学生产实习的经验，从各方面极力支持并寄予厚望。学校在生产实习上对学生要求是比较严格的，凡生产实习不

① 教师怎样领导生产实习工作：一九五三年四月十五日约菲专家在生产实习领导教员会议上的报告摘要. 档号：1953–JX13–C–10.0004.

② 一九五三年度生产实习准备情况的报告. 档号：1953–JX13–C–10.0001.

③ 将生产实习提高一步：四月十九日胡副校长在生产实习动员大会上的讲话. 档号：1953–JX13–C–10.0005.

④ 档号：1953–JX13–C–10.0003.

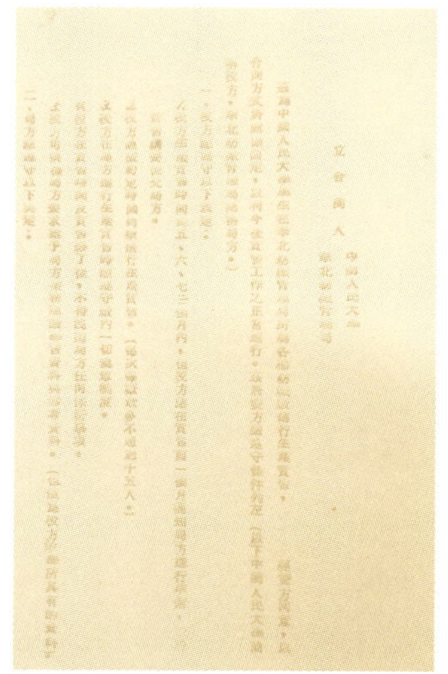

中国人民大学与华北纺织管理局订立的生产实习合同
档号：1953-JX13-C-10

及格或不参加生产实习者不得升级或参加毕业考试。生产实习对研究生和教师来说也十分重要。当时研究生和教员都比较缺乏实际的生产知识，要通过生产实习或通过指导生产实习去补充，这样才能保证为国家培养合格的、具备科学理论水平与实际工作技能的专业干部。

教员是保证生产实习工作顺利开展的重要角色。第一，教员需要根据生产实习纲要编写具体的实习计划；第二，教员应事先与企业协商分配好各实习单位的直接领导人，并协助领导人熟悉生产实习纲要，以便让学生既完成生产实习纲要的内容，又能在实习岗位上完成岗位工作；第三，教员应指导学生在实习过程中记录实习情况，并对学生的实习做出书面评论；第四，教员指导学生撰写报告，应注意提示学生避免写出与国家机密有关的材料。不论是协调生产实习工作，还是照顾学生实习过程中的日常生活，教员都需要付出很多精力。这与今日学生自由地选择到企事业单位去实习大不相同。

考试和测验

学期或学年的成绩考查，分为考试和测验两种。考试是对学生学习成绩的系统检查，要有详细的分数记载，测验对知识的要求程度比考试相对低。考试和测验的科目由教学计划规定。一门课程在一学期里面，有考试就没有测验，有测验就没有考试。为减轻学生负担，一学期考试课程一般不超过五门。

考试日程表由系主任制定，校长批准。学生在每门课程考试前至少有四天的复习时间。教员在考试中要检查学生理论方面的知识及运用理论去解决实际问题的熟练程度，需把握学生对于本门课程必须掌握到何种程度能够符合培养要求。教员所出的题目不能过难或过易，给分的标准也不能过严或过宽。

那时中国人民大学的考试主要是以口试的方式进行。当时学校主要负责人认为，客观的笔试题目不仅有极大的机遇性与猜度性，而且还容易养成学生对知识死板的记忆，而不是活的理解。口试更容易去考查学生是否对于问题有深刻的理解，因为口试具备灵活性，其过程具有互动性，教员可以提出补充性质的问题来让学生回答，直到了解学生的真实掌握程度为止。口试还可以省去学生用笔答题和教员看试卷的时间。然而采用口试的方法需要比笔试有更好的计划和更周密的组织工作。全校性的课程平均要100到150个题目，这些题目要包括课上所讲的全部重要的内容。考试时采取抽签的办法，如果50人的班次，签票一般有25到30张。每一个考签上一般有三道题：一个偏重理论方面，一个偏重历史事实，一个偏重革命伟人重要生平事迹。参加考试的学生有10到15分钟的时间考虑回答考签上的问题，实际考试答题时间15分钟，整个过程平均25分钟到半个小时。

中国人民大学是怎样进行成绩考查的

档号：1951-JX13-B-5.0003

主考人由该课的主讲教员担任。学生考试成绩的评定，按四级分制“优”“良”“中”“劣”记载。这种四分制记分法各等级间“标准是比较明显的，距离是较大的，把优评为良或把劣评为中是比较不容易的，因而就比较容易做到公平与正确。这样既可以鼓励学生的上进心，努力掌握自己的知识，又可以避免争分数的毛病”[①]。

至于测验，一般在实习和课堂讨论中直接完成，部分教学计划中规定考核方式为测验而不是考试的课程会进行测验。测验一般根据学生完成的实习、作业和是否积极参加课堂讨论的情况评定分数。测验的形式一般是教员与每小组八至十人的学生谈话的形式。

当时中国人民大学在学习苏联经验方面是走在全国高校前列的，很多教师都曾到人民大学来学习相关经验。

① 中国人民大学是怎样进行成绩考查的.档号：1951-JX13-B-5.0003.

厦门大学潘懋元教授作为进修研究生在中国人民大学学习期间，对于苏联教学工作的特点就深有体会。他的记录中是这样描述苏联教学法的：每一个教学环节和每一位教员的工作几乎是按照以日为单位的计划在执行。高度的计划性、高度的组织性、严格的教学检查制度，使得人民大学教员的讲授质量高、学生时间利用效率高[①]。相比于大部分高校来讲，向苏联学习的中国人民大学那时已经取得了显著的成绩。也正是这套苏联教学法的实行，有效地保障了人民大学早期的教学质量，促进了人才培养，也推动了中国人民大学建校时各系科的发展，逐步确定了学校学科建设的蓝图。

（常松岩）

① 潘懋元. 潘懋元文集（卷7·昔年作品及其他）[M].广州：广东高等教育出版社.2010：303-306.

马列主义理论教师的培养

从建校起，中国人民大学就担负着为全国高等学校大量培养马克思列宁主义理论课程教师的任务。在党中央的关怀和教育部的领导下，学校党委十分重视马克思列宁主义的教学工作，并取得很大成绩。1952级马列主义研究班校友林仑山回忆道："在那两年的时间里，我们如饥似渴地学习马列原著和毛泽东思想。那时的校风、学风特好，大家真正坚持理论和实践的统一、言论和行动的统一。母校情、师生情、同学情至今铭记在我的心坎里。临毕业前，分班主任找我谈话，说福建师大没有哲学教员，拟分配我去独当一面，我无条件地接受。"

学校成绩的取得，与苏联专家的帮助也是分不开的，从1950年教研室成立到1956年暑假，先后有11位苏联专家在马列基础教研室工作，他们在这里辛勤付出，为马列主义基础教研室的发展壮大做出重要贡献。

从1950年春，学校成立马克思列宁主义基础教研室起，整个20世纪50年代，马列主义理论教师的培养大体可以总结分为三个阶段，具体如下：

第一阶段，1950年建校至1951年底。为适应学校开设马列主义理论课程的需要，除采取"边学边教"的办法以外，学校又抽调一批干部作为研究生，在苏联专家的指导下进行学习，学习期限分为一年制和两年制两种。这一阶段的主要任务是为本校培养教师，其中也有少数兄弟院校的进修教师。

第二阶段，1952年至1955年。1952年起，学校担负了为全国高等学校培养马克思列宁主义理论课教师的任务，开设了马列主义研究班，设哲学、政治经济学、马列主义基础和中共党史四个专业。由于需要迫切，第一期马列主义基础和中共党史两个专业，学习期限定为一年；哲学和政治经济学两个专业的内容分量较重，学习期限定为两年。一年制的学生，学习马克思列宁主义基础、中共党史和哲学三门课程，上课总时数为200~300学时不等。两年制的学生，学习马克思列宁主义理论的四门课程，哲学专业增加哲学史，政治经济学专业增加经济学说史，俄文是选修课。两年制上课总时数为1000学时左右。两种学制都以学习本门专业课程为主，课堂讲授时数占上课总学时的三分之一或更多些。在学习方法上，除了系统讲授和讨论外，还要求学生进行自主学习。从1953年起，四个专业都改为两年制，马克思列宁主义基础和中共党史两个专业分别增加了世界近代史和中国近代史课程。1954年以后，学校加强了对马列主义教师的培养，由聂真副校长任马列主义研究班主任，有关教研室增派了较多业务水平较高的教师担任各专业的教学工作和行政工作。学制方面，除两年制外，马列主义研究班又增加了三年制。原来教师研究班三年制的四个马列主义专业，合并到马列主义研究班统一管理。三年制研究生学习的课程，大体与两年制相同，但各课学时都有所增加，且俄文改为必修课，还增加了少量的文化基础课程，如哲学专业的研究生增设了自然科学基础课程。此外，三年制研究生还增加了毕业论文的写作。在这一阶段，为了满足全国高等学校对于马克思列宁主义理论师资的需要，马列主义基础教研室不断扩大招生数量，1954年在校人数近900人，其他各年也不少于500人。其中，由全国各高等学校派来进修的教师，占二分之一到三分之二，另外，也招收了部分大学毕业生和党政军各部门的理论干部。

第三阶段，1956年至1959年。随着我国政治经济形势发展要求的不断提升，我校已经逐步成长壮大的马列主义理论师资培养质量仍亟待提高。为适应这种形势，我校对培养马列主义理论教师的方针做了相应调整。为培养研究生的写作和研究能力，加强对研究生科研工作的领导，我校于1956年陆续成立了哲学、经济、马列主义基础和中共党史四个系。1958年撤销马列主义研究班后，四个马列

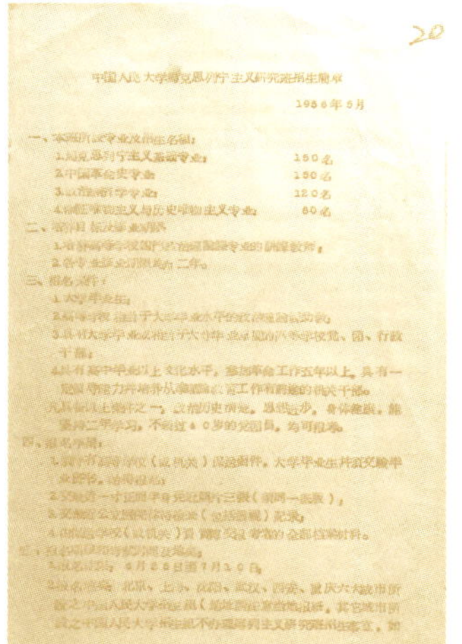

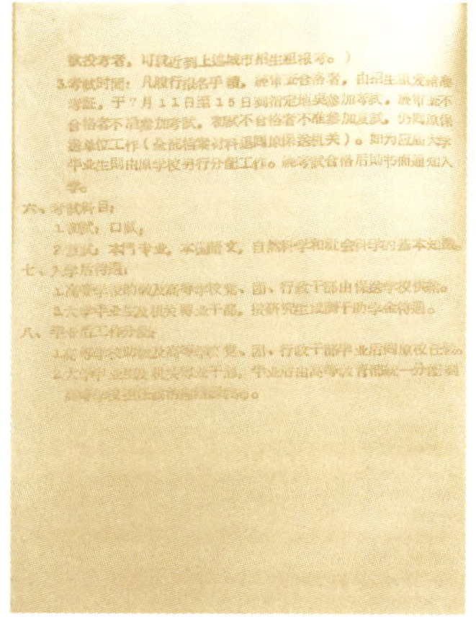

1956年中国人民大学马克思列宁主义研究班招生简章

档号：1956-JX13-A-1.0010

主义专业分别并入各专业系。从1959年开始，研究生的学制统一改为三年。学习课程，除了专业和马克思列宁主义基本理论外，适当增加了有关专业和文化基础课程，例如哲学专业增加心理学、美学、伦理学课程，政治经济学专业增加国民经济史、统计学课程。逻辑学和汉语定为必修课，并开设了第二外国语。

从上述三个阶段的发展过程来看，我校培养马列主义理论教师的工作适应了我国政治经济形势的发展和需求，及时为我国高等教育教学工作提供了大批高质量师资。在培养过程中，我校始终坚持系统教学与自学相结合、理论与实际相结合、提高理论业务水平与提高政治思想水平相结合的方针，经验证明，这三大方针都是正确的，并收到了应有的效果。

首先，我校始终坚持教学与自学相结合的培养方针。在教学过程中，一方面需要系统或重点地讲授知识，并进行讨论和辅导；另一方面，也是更重要的，即要求学生进行自学，主要是熟悉和精通有关马克思列宁主义的经典著作，从中获得各种理论原则的根据和答案。在读研究生作为未来高等学校的教师，对将要讲授的课程，必须具有完备的知识储备，所以必须全面通读马克思列宁主义的经典著作。为了创造自学条件，我校为研究生安排了充分的时间，一般每周有35~40学时用于自学读书。经过1954年做的一次调查，一年制研究生平均读经典著作近3 000页，两年制研究生读了近6 000页，三年制研究生读了6 000~7 000页。1953级马列主义研究班校友章树榕回忆道：“回想起来，真正给我们打下马列主义理论基础的，正是在马列主义研究班三年学习期间认真研读了马列主义基础的基本经典著作，学会了深入钻研原著的基本方法，训练了一套掌握马列主义精神实质的基本功。这是在以后三四十年从事马列主义理论教学与研究工作中，越来越深切感悟到的。”

在自学过程中，学生们也出现了一些困难，有些学生文化基础较差，刚开始读经典著作产生了畏难情绪。他们既想获得大量知识，又不愿意自己动脑筋，满足于第二、三手材料，且依赖别人的讲解。经过耐心的思想教育和任课教师的有力帮助后，这些困难一定程度上得到了克服。在教学与自学相结合培养方针的指导下，一年制、两年制和三年制的研究生基本上能够熟练掌握本专业的内容体系，有效利用自学时间阅读马列经典著作，为日后的教学工作打下了重要基础。

其次，我校始终坚持理论与实际相结合的培养方针。多年教学经验表明，马列主义理论教师的培养必须采取两条腿走路的方法，学生们一方面必须深入钻研马列主义经典著作，积极从事科学研究工作，同时还要有计划地分期分批或个别地参与实际工作和社会调查。正如毛泽东同志在《改造我们的学习》中指出的："对于在职干部的教育和干部学校的教育，应确立以研究中国革命实际问题为中心，以马克思列宁主义基本原则为指导的方针，废除静止地孤立地研究马克思列宁主义的方法。"这个方针不仅适合于在职干部和干部学校，同样适合于我校马列主义理论教师的培养。作为马列主义课程的教师，首先应该贯彻这种学习态度和学习方法。根据这种认识，我校在培养马克思列宁主义理论教师的工作中，始终坚持了理论与实际相结合的教学方针。

在讲授、讨论、考试、论文等全部教学环节里，教师引导学生用马克思列宁主义的立场、观点和方法，分析中国革命和建设的现实问题，引导他们注意中国共产党和毛泽东同志怎样将马克思、恩格斯、列宁、斯大林关于无产阶级革命的普遍真理和中国革命的实际情况相结合并加以发展的，如何把苏联社会主义和共产主义建设的经验，在中国的实际情况下运用和发展的。在参加实际锻炼方面，我校组织了有关革命、建设和科学知识的电影与戏剧的演出，组织学生到工厂、农村参观，参加生产劳动和调查，加深学生对理论政策的理解。章树榕回忆道：“课余，学校经常组织我们参加一些接触社会实际的活动。如参加永定河至北京市引水工程的义务劳动；攀登八达岭长城、寻访为中国修造第一条铁路的詹天佑的铜像；研究部张腾霄部长领着我们参观密云水库建设工程；利用过团日组织生活，瞻仰革命先辈领导人任弼时同志的故居。细心体察社会的深刻变化。”

最后，我校始终坚持提高理论业务水平与提高政治思想水平相结合的培养方针。我校培养马克思列宁主义理论教师工作中，十分重视他们政治思想水平的提高。马列主义理论教师不仅要注重理论知识的储备，更重要的是要具有坚定的无产阶级立场和世界观。只有这样的教师才能对社会主义革命和建设事业具有高度热忱，才能继续培养忠于马克思列宁主义的接班人。学习马克思列宁主义理论，是和改造资产阶级思想，建立无产阶级的立场和世界观相一致的，而且前者是后者的前提和有力手段。根据这种认识，我校要求学生在学习理论时，在透彻地理解理论原理的同时，联系个人的和社会的思想动态，运用所学的理论分析批判一切非无产阶级的思想。

在学校党委的正确领导下，马克思列宁主义基础教研室的发展经历了一个从无到有，不断发展不断提高的过程。1950年至1959年，马克思列宁主义基础教研室共培养本科、研究班、进修班学生1 523人，其中大部分被分配到全国各高等学校担任教学工作。这些马列主义理论教师在教学工作中，能够系统地正确地把马克思列宁主义的基本理论知识传授给青年，成为各院校党委开展政治思想教育工作的重要力量。

（甄佳航）

俄文专业人才培养溯源

1949年10月2日，开国大典翌日，中国即与苏联建交，苏联也成为第一个与新中国建交的国家。百废待兴的新中国迫切需要在各个领域向“同一条道路上”的苏联——世界上第一个社会主义国家学习。国家间的交流和学习首先需要建立在语言流畅沟通的基础上，因此，彼时国家急需培养一大批俄文翻译以及懂俄文的各行各业专业人员，以期在学习苏联经验、建设新中国、促进中苏外交关系友好发展等方面发挥重要作用。中国人民大学作为我们党“为适应国家建设需要”“培养新国家的各种建设干部”而创办的第一所新型正规大学，俄文人才培养在当时可称得上是一项“政治任务”。基于这样的时代背景，人民大学俄文专业早期的创建过程与人才培养成为人民大学学科建设历程中值得着重考察的一段历史。

人民大学前身时期的华北大学，外语系属于二部，那时就已有了俄文专业。1949年9月二部外语系划归外国语学校（北京外国语大学的前身之一），华北大学成立俄文大队。俄文大队是抽调一部和二部留校学员以及学校部分干部、一部的部分研究生组成的，学员们专攻俄文（据时任华北大学二部秘书罗俊才口述回忆①）。或许，正是在二部外语系被分离的情况下，为了各专业领域学生都可具备一定俄文基础，从而保持向苏联学习的先进性，华北大学才设立了俄文大队。1949年9月28日，华北大学举行了俄文大队的开班典礼，当时就有学员500多人，共分9个班，并制定了“三个月俄文学习计划”。在新中国成立之际，俄文学习受到师生的热切关注。教员和学生在短短两个月内就摸索出了一些有效的教学方式，比如由俄文学习又快又好的学生成立辅导小组，帮助小组同学进行预习、复习、纠正错误。对于考试和练习，教员仅评改辅导小组的试卷和练

① 罗俊才自述[M]//中国人民大学校史研究丛书编委会. 求是园名家自述：第二辑.北京：中国人民大学出版社，2012：507-518.

习，然后辅导小组学生按照这种标准，和其余学生相互评定，有疑问之处，再提交教员评议。学生们互相帮扶，在一定程度上解决了俄文教员极度缺乏带来的困难。另外，俄文大队还成立了学委会，处理学生日常生活中的具体事项。同时，俄文大队注重政治学习，政治学习时间占到日常学习时间的六分之一。政治学习使学生们清楚地了解新中国建设方针和青年的任务，再联系到学习俄文的政治意义，作为“政治任务”的俄文学习就能变成学生自觉的行动。政治教育和及时的思想指导保证了业务教育的进行。

在俄文大队学习热烈开展的同时，另一个专业性更强的俄文人才培养方式正在积极酝酿中，这就是俄文专修班。在1949年11月28日的《华大生活》校报第4版上，可以找到关于俄文专修班最早的招生信息。当时俄文专修班招生人员分赴北京、哈尔滨、上海、武汉四地招生。报纸记载：“北京招生处自本月八日报名以来，本市及华北各省前来报名投考者甚为踊跃，远自河南、宁夏等地来京投考者亦很不少。北京区至本月二十日截止，报名人数共计三百七十一人，有俄文基础者五十七人。……考生中有工人、学生、革命干部及商人，其中以青年知识分子最多。”考生们对于报考俄文专修班怀有如此高涨的热情是有原因的。当时在北京大学西语系俄语组学习、后任职于华东师范大学的王智量教授曾这样记述新中国成立前学习俄文的艰辛：“现在大学里俄语系的学生很难想象，我们那一代人想学俄文和俄国文学是多么的艰难。1948年，在当时蒋介石反动政府统治下，我和几个有同样爱好的同学……悄悄地自学俄语，不敢让别人知道，因为俄语是和俄国（当时是苏联）、共产党当然地联系在一起的，偷偷学俄语的人被认为就是共产党，抓着就要坐牢的。”[①]这也

① 王智量.一本书，几个人，几十年间：我与《叶甫盖尼·奥涅金》[M].上海：上海文艺出版社，2011：2.

我校成立俄文專修班
北京區於今日舉行初試

本校為適應革命需要，培養大批俄文人材，以便吸取蘇聯先進的革命理論與建設經驗，特設立俄文專修班，並分別在北京、哈爾濱、上海、武漢四地招生。京、哈、滬三招生區均已於本月中旬開始報名，武漢招生人員已於日前啟程南下。北京招生處自本月八日報名以來，本市及華北各省前來報名投考者極為踴躍，遠自河南、寧夏等地來京投考者亦很不少。北京區至本月二十日截止，報名人數共計三百七十一人，有俄文基礎者五十七人。均於本月二十八日在鐵獅子胡同本校舉行初試。考生中有工人、學生、革命幹部及商人，其中以青年知識分子最多。全部招生工作，計劃下月中旬結束，爭取早日開課。許多考生對華大設立俄文專修班，感到十分滿意說：「過去學俄文還要犯罪，只得自己偷偷地學，現在我們可以自由的學了！」

校报刊登的关于俄文专修班举行初试的新闻
档号：2001-SX19.19-1

就不难理解，当时校报中这一段招生简报的末尾有这样一句话：“许多考生对华大设立俄文专修班，感到十分满意说：‘过去学俄文还要犯罪，只得自己偷偷地学，现在我们可以自由的学了！’”。俄文专修班的设立就意味着政治禁锢的消释和语言封锁的解除，对于广大希望投身于新中国建设的青年学子来说，是意义非凡的。

俄文专修班的招生是从1949年末开始的，1950年1月1日专修班正式成立，1950年初即已开始上课。当时俄文专修班在中国人民大学组织系统架构当中是处于附设的角色，它并不在计划设立的本科8个系以及专修班9个系行列当中，所以俄文专修班的招生说明没有体现在1950年1月27日的第一份中国人民大学招生简章当中。关于俄文专修班的修业年限，未有文件明确记载。1950年1月印制的中国人民大学教育方针中所规定的“专修班学习期限暂定六个月”也仅是针对9个专修班系确定的。但根据俄文专修班成立时被任命为班主任的罗俊才回忆：学习期限一般为半年到两年，高级班半年，中级班一年，初级班两年。

根据1950年3月24日的全校学员情况统计：第一期俄文专修班514位学生中，男女比例为4∶1；绝大部分是25岁以下的青年学生，年龄最大者不超过45岁；具有高中以上学历的学生近500人[①]。另有一份档案材料[②]记载：“俄文专修班现有学生五二五人（由于统计时间不同，总人数上存在差异），系从京、津、沪、宁招收的青年知识分子。其中绝大部分都曾经上过旧式的大学或专门学校，并至少已会一种外国语；但政治思想及社会出身则较复杂。”学生中，中国共产党员仅17人，有376人为无党无派人士，其余属其他党派及社团。因此，若要将这500余名学生在为期不长的专修班中培养为“新中国建设所需要的翻译人才”，

① 中国人民大学全校学员情况统计. 档号：1950-JX13.14-XSCB-1.

② 俄文专修班介绍. 档号：1950-XZ11-XB-20.0013.

"必须使每个学员在政治方面要具备为人民服务的思想和作风；在业务方面，要具备初步独立从事翻译工作的能力"，这必定需要教员在培养方法上多花心思。

俄文专修班在课业学习上，共分10个队以及1个干部班。第一队、第二队、第十队和干部班由苏联专家授课，其中第一队分3组成班，第二队分4组成班，第十队和干部班各自单独成班，分别由9位苏联专家在9个班任教，每个班人数最少15人，最多28人。第三队至第九队各队成班，分别由7位中国教员授课，每个班人数最少32人，最多50人。俄文专修班对学习抓得紧、要求严。俄文专修班最早的考试相关档案出现在1950年初，其中记载有当年2月13日和3月22日分别举行的第一次测验和第二次测验，测验目的是检查学员对学过课程的掌握情况。测验方法为：苏联专家所带各班，考试听写、文法分析、问答和简单的造句；中国教员所带各班，考试简单造句、问答、中译俄。主讲人契维克娃同志于1950年2月15日对2月13日举行的俄文考试进行了书面总结[1]。她的总结中谈道，目前学生学习情况的优点在于很多人能够很好地运用已学内容写出完整的句子而不限于简短的回答，对于句子构造等文法分析也非常正确，但从听写中却发现学生常在俄语发音上犯错误。同时，通过对各位教员教学报告的汇总，契维克娃也指出当时俄文教学最大的问题在于没有适合于学习的教材。当时选用的测验听写材料包括《论列宁》《中华人民共和国的生活情况》《中国青年代表团赴布达佩斯》《周恩来赴莫斯科》《苏联人民是怎样改变自然》等短文。如今看来，这些学习材料具有浓厚的时代气息。

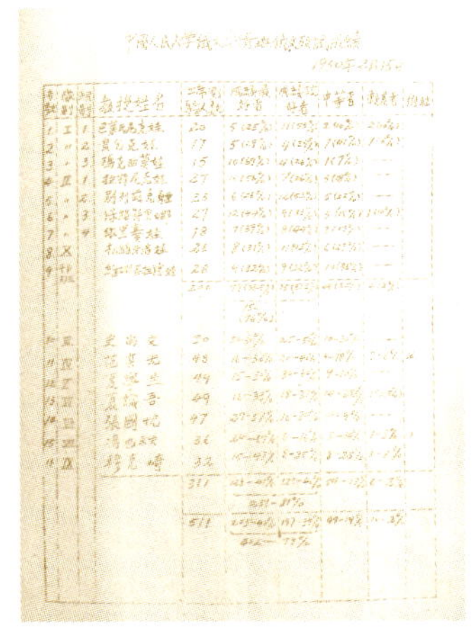

俄文专修班第一次测验成绩及试题（部分）
档号：1950-JX13-B-3

与华北大学时期的俄文大队相似，俄文专修班也制定了明确的政治教育计划：自1950年2月开始，2月21日至4月8日，用时一个半月学习社会发展史、辩证唯物主义、历史

① 中国人民大学俄文专修班考试总结. 档号：1950-JX13-B-3.

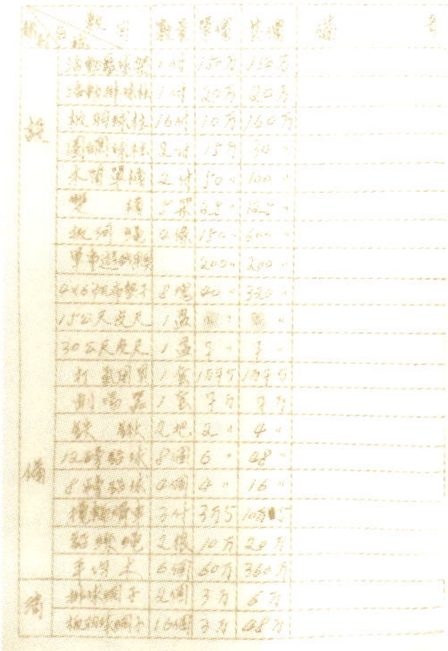

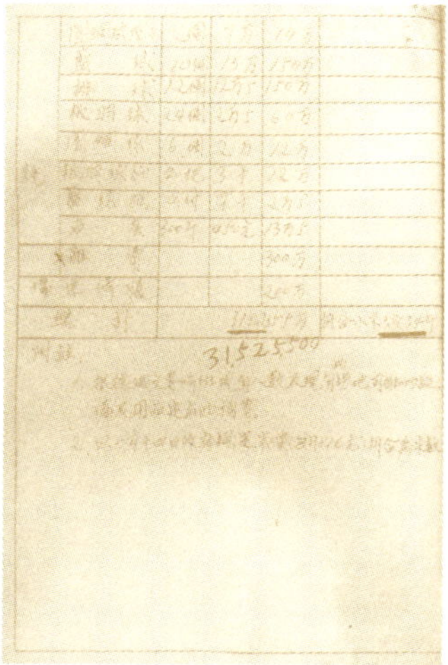

唯物主义；4月10日至4月23日，用时两周学习新民主主义论；4月24日至5月27日，用时五周学习中国革命运动史。除固定课程外，政治教育计划还规定：每天读报两小时，每月测验一次，时事报告不定期。

政治育思想，体育强体魄，学校对学生身体健康情况也关心有加。那时的体育教育称为新民主主义的军事体育，其任务是为了增进学生身心健全，保证胜利完成学习任务，养成良好的运动习惯，并使学生在工作岗位上能有一定的领导组织军事体育的常识与能力。军事体育实施计划草案中要求的内容包括早操、正课、课外运动。其中，课外运动要求每人每周练习3次，除星期六外，每天下午5点30分到6点30分为运动时间，主要内容包括田径、球类以及集体游戏等项目。为了顺利开展上述军事体育活动，草案拟定者还制作了一份设备、耗材、场地修缮预算表，按照当时一斤小米旧币816元的价格，这笔预算合小米38 634斤，约为旧币3 152.55万元，可谓是一笔数额相当庞大的开销。然而这些计划草案是否完全落实兑现，现在却不得而知了。

俄文专修班军事体育设备、耗材、场地预算表
档号：1950-JX13-B-2

1950年9月，俄文专修班改称为中国人民大学俄文系，一直伴随着俄文大队、俄文专修班发展的罗俊才成为第一任系主任。1951年6月14日的中国人民大学本科招生简章中记载，计划招生50人的俄文系是当时本科招生的八个系①当中唯一一个修业期为两年的系，其余系的学生都是四年毕业。这也可以从侧面反映出当时俄文人才培养的紧迫性。这一年俄文系实际共招收了59名学生，其中：男20人，女39人；年龄25岁以下者51人，26岁至30岁8人；文化程度大学专科10人，高中37人，初中12人；政治面目

① 建校之初的“八大系”是经济系、经济计划系、财政信用借贷系、贸易系、合作社系、工厂管理系、法律系、外交系。1950年8月，经济系并入经济计划系。当年9月，俄文专修班改为俄文系，如此依然是“八大系”。

中国共产党员23人，青年团员30人，其他民主党派1人，群众5人。1951年俄文系的招生规模几乎缩减为1950年初俄文专修班招生数的九分之一。这一年，人民大学本科共招生854人，俄文系仅占7%，这时的俄文系已经开始走上了小而精干的培养路线。当时俄文系的基本课程设置情况是这样的：两年（共66周）本科的教学计划当中，共涉及7门科目，分别为马列主义总208学时、中国革命史总72学时、俄文总1 244学时、国文总104学时、苏联文学总128学时、翻译总128学时、体育总132学时。这样平均下来，学生每周需要完成30学时，这其中还不包含自习以及生产实习等。从另一份1953年的材料可以看出，财政系、经济计划系、统计系、合作社系、贸易系、工厂管理系、法律系、外交系、俄文系九个系的专业课课时数占总课时数的比重几乎都在50%以上，其中尤以俄文系专业课课时数所占比重最高，为73.2%。可见当时俄文系学生学习的压力是相当重的。

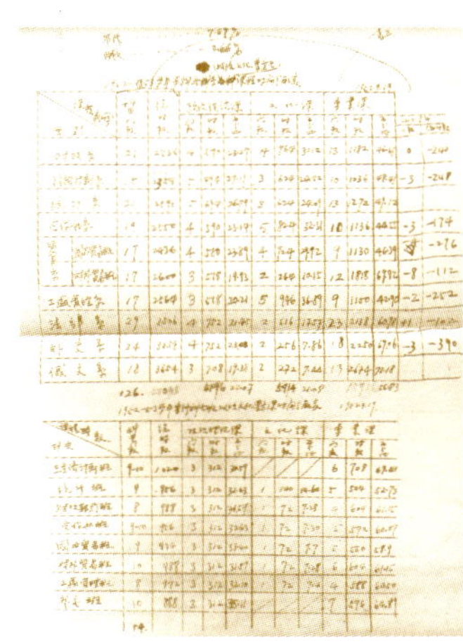

1952—1953学年本科各系政治、文化、业务各科课程时间分配表

档号：1954-JX13-A-10

实际上，当时在整个人民大学内部，学习俄文的气氛都是非常热烈的，每个系都需要完成一定量的俄文课时学习：俄文系每周16小时，外交系四年级14小时，其余一、二、三年级各8小时，对外贸易班8小时，其他各系4小时。在1950年11月25日俄文系举办的俄文演讲会上，有的学生熟练地演讲，有的学生在认真地翻译。吴玉章老校长看到后，在演讲会上鼓励同学们："学习俄文在今天有更重大的意义，因为十月革命给世界历史划了新的纪元，人们学习苏联正如过去法国革命以后人们学习法文的情况是相同的，新中国的建设需要许多翻译，因此我们不但要学好俄文，同时还要不断提高自己的政治水平。"在吴老的勉励下，在时代的召唤下，1950—1953年这段时间，《人民大学周报》上，各系教员、学生发表的有关俄文教学、学习方法的文章屡见不鲜。

1952年暑期，第一届俄文系学生毕业，毕业人数在150人左右。从毕业去向分配表[①]可见，毕业生的去向还是比较集中的：50余人留在人民大学工作、11人去往林业部、11人去往燃料部、28人去往重工业部、15人去往教育部，另外有毕业生到人民银行、纺织部、机械部等单位工作。俄文系的毕业生受到国家机关等单位的高度欢迎，一方面说明建校初期人民大学俄文人才的培养是初见成效的，另一方面也说明当时国家俄文相关工作人员的紧缺。同时也可以看到，毕业生去向所占比例最大的是留在人民大学。实际上从1952年起，俄文系的培养目标已经发生了一些改变：过去是专门培养翻译，现在是专门培养俄文师资，并负担全校俄文教学的任务。1953年，校代会在总结俄文教学情况时指出[②]：我校三年来的俄文教学工作在苏联专家的指导和帮助下是有成绩的，主要表现在为国家培养了400多名俄文翻译人员（其中148人是学完两年毕业的），提高了一批苏侨[③]教员的教学水平，培养了27名合格的中国俄文教员，编写了俄文教学大纲和大批教材，建立了一套俄文教学制度，取得了一些教学经验，基本上保证了我校学生、研究生的俄文教学工作的进行。由此可见，人民大学在建校初期俄文人才培养上确实收获了很丰硕的成果。

1955年8月22日，根据高等教育部院系调整方案及工作需要[④]，中国人民大学撤销了外交系，调至外交学院，撤销了俄文系，原俄文系的10名干部（包括系主任罗俊才，副主任赵辉，党总支书记王鲁也）、13名教师、367名学生合

---

① 1952年本科、俄文系及专科毕业生情况统计表. 档号：1952-JX13-A-5.

② 校代会关于俄文教学的情况和任务报告的决议. 档号：1953-XZ11-XB-13.

③ 指之前在中国东北招募的因战乱流落中国的俄罗斯人。

④ 关于各系、教研室的组织机构与人事调整问题. 档号：1955-XZ12-7.0007.

并至北京俄语学院[①]。此后，北京俄语学院经过不断变化和发展，成为北京外国语大学前身之一。而经历1955年教育部对专业的调整后，人民大学仅保留了俄文教研室，以承担全校公共俄语的教学任务。这正式标志着人民大学早期俄文专业人才培养阶段的结束。直到1987年，中国人民大学俄语专业才重新正式招收本科生。

回望人民大学俄文专业的办学历程，从1949年在摸索中形成的俄文大队，到1955年较为成熟的俄文系本科教学，人民大学建校初期近六年间为新中国培养大批俄文人才的贡献是不可磨灭的，它在一定程度上帮助新中国用好俄文这把“社会主义大门上的钥匙”[②]，为新中国与苏联、为中苏各行各业的沟通交流搭起了一道道语言的桥梁。俄文专业的变迁也成为中国人民大学学科发展史中一段有着鲜明时代烙印的珍贵历史。

（常松岩）

---

① 吕才.北京外国语大学组织史：1941.3—2001.3[M].北京：北京燕山出版社，2001：96.

② 钱俊瑞.广泛地开展学习俄文运动：十一月七日在北京人民广播电台对广播俄语讲座学员的讲话[N].人民日报，1952-11-08（3）.

体育教学与群众性体育运动

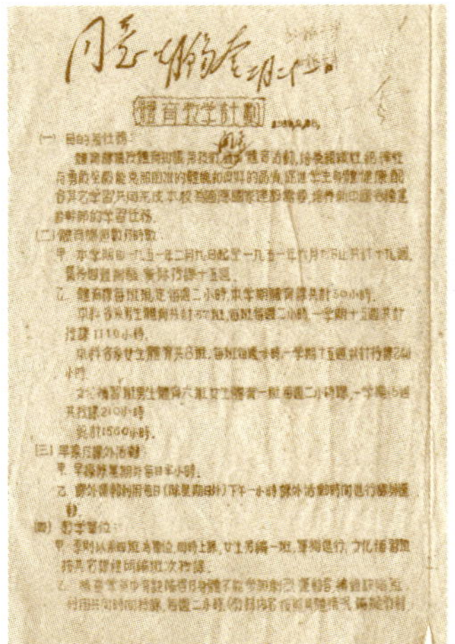
體育教学計劃

第一份体育教学计划
档号：1951–XZ16–19–2

中国人民大学命名组建后，随即成立了专门的体育机构——体育教研室，负责全校体育教学与体育运动工作。根据1950年的《中国人民大学组织机构系统表》，全校共有教研室41个，体育教研室是其中教务部直属的8个教研室之一。体育教研室“直接受校长和教务部长领导，室设主任一人，秘书一人，秘书干事二人，保管组长一人，保管员二至三人，资料室主任一人，资料员二人，场地服务员四人，教员十人”，其目的与任务是：“体育课讲授体育知识与技术，通过体育活动，培养组织性、纪律性、勇敢坚毅能克服困难的体魄和良好的品质，促进学生身体健康，配合其它学习，共同完成本校为适应国家建设需要培养新中国各种建设干部的学习任务。”①

1951年2月18日，经胡锡奎副校长批准，体育教研室发布了第一份体育教学计划，分为目的与任务、体育课周数及时数、早操及课外活动、教学单位、实施办法、实施方法、学期测验、教学总结、教员配备九个部分，较为全面地确定了1951年2月到6月春季学期学校体育教学的开展方式和教学方法。

体育教学的目的与任务为：“体育课讲授体育知识与技术，开展体育活动，培养组织性、纪律性与勇敢坚毅能克服困难的体魄和良好的品质，促进学生身体健康，配合其它学习，共同完成本校为适应国家建设需要，培养新中国各种建设干部的学习任务。”

对体育课周数及时数的计划是：“甲、本学期自一九五一年二月九日起至一九五一年六月卅日止共计十九周，最后四周测验，实际授课十五周。乙、体育课每班规定每周二小时，本学期体育课共计30小时。本科各系男生体育共计37班，每班每周二小时，一学期十五周，共计授课1 110小时。”本科各系女生体育共八班，每班每周两小

① 体育教研室概况. 档号：1951–XZ16–19–3.

时，一学期15周，共计授课240小时。文化补习班男生体育六班，女生体育一班，每周两小时课，一学期15周，共授课210小时。总计1 560小时。”

规定了每日早操及课外活动时间：早操除星期日外每日半小时。课外运动利用每日（除星期日外）下午一小时课外活动时间进行。在教学单位上大体有男生班、女生班和缺陷班的分类：原则上以四个班为单位，同时上课，女生另编一班，单独进行；文化补习班按其他课程所编班次授课。检查学员中有缺陷者及身体不能参加剧烈运动者，编组缺陷班，利用共同时间授课，每周两小时。

该计划详细说明了体育教学的实施办法，包括体育课、早操、课外运动三个方面，对此后学校体育教学的系统进行具有示范作用。

体育课要根据计划编拟讲授提纲。在讲授方法上采用“四段教学法”，即准备运动、准备体操、主运动、整理运动。教员有权力，也有义务帮助班长掌握维持教学过程中的秩序和纪律。体育课采取两小时并上的办法。之所以采用这个教学办法，学校有非常务实的考虑：首先，这样排课表可不在课外活动时间上体育正课，就有了场地可供给同学课外运动，有了教员在课外运动时间进行指导实习；其次，鉴于本科场地缺乏，两小时合并可将学生带到海运仓操场去上课，这样就解决了场地的困难；同时，两小时并教还适合学校学生体育基础比较薄弱的情况，可以在正课多教基本动作。为预防两小时连在一起上课造成学生运动量过度，一次体育课中讲解占十分之三四，动作占十分之六七。此外，体育课还负有培养骨干分子，协助教学的任务。

早操项目要求结合场地、季节、人数，编拟各项早操教材，经教研室主任批准后实行。培养骨干分子，通过学生会领导进行，教员分场协助指导。

体育教学采用苏联“四段教学法”

档号：1951–SX12.15–68

课外运动的实施方法是：（1）成立机巧组（即技巧组）、舞蹈组、田径组、球类组、国术组等及各项运动裁判组，使其具备组织及裁判等能力，教研室协助通过学生会领导施行。（2）结合场地、季节、各系班人数，除复习体育所学者外，要大力开展其他可能实行之项目。（3）选拔各种球类、田径、体操等学校代表队。（4）举行校内比赛（对抗）及表演。（5）对外联络比赛及表演。（6）重点参加全市性体育大会及球类比赛。

体育教学计划的第六部分实施方法是从体育课分类及时数、早操、课外运动三个方面来制定的。体育课的项目有篮球、排球、垒球、田径和体操，前三项一年级男生、女生均需参加六个小时。田径课程包括军事障碍和手榴弹投远，此项男生为八小时，女生为六小时。体操课程男生四小时，包括跳箱、垫上运动、双杠；女子体操六小时，包括韵律运动四小时和机巧两小时。早操采取制式教练、体操、跑步、散步、游戏和校队练习的方法。课外运动的方法有五项：（1）组织球类、田径、机巧、舞蹈、拔河、游泳等小组。（2）组织球类、田径、体操等学校代表队。

（3）4月初旬（春假）举行校内田径赛对抗。（4）4月中旬举行球类班级或系别比赛。（5）5月中旬举行全校运动会。

体育教学计划第七项学期测验，要求在学期终了前举行测验一次，考察学员学习进度和了解教学效果。第八项教学总结要求每个科目进行完毕，都要进行全学期总结。第九项是教员的配备表。教学计划的最后用表列出了二年制到四年制的教学计划。

早期的中国人民大学，校址分散，且场地狭窄，甚至都没有一块平整的地方来建设标准篮球场。然而比起场地、设备的欠缺，学生和教员对体育运动的认知缺失才是急需解决的问题。1951年3月13日，体育教研室教员刘铁在《人民大学周报》上发表了题为《不要忽略体育运动》的文章，文中讲道："目前有不少同志脸色不大正常，有的经常揣着手、弯着背、无精打采、老气沉沉，不能充分表现出新中国青年的气概；另外如早操跑不了几步就气喘无力，测验体育时，单杠一个也拔不上去。上学期大考时，各系病号也普遍剧增。在抗美援朝及参加军校两次运动中，有些同志就是由于身体不够条件而未得批准。"他指出了体育教育的重要性："体育是共产主义五大教育之一。在苏联十月革命后即开始予以重视，列宁和斯大林都曾亲自领导过开展体育的工作。现在苏联的每个公民都很重视体育，所以无论男女老幼都是那样体魄健壮、精神充沛的。今天随着新中国的诞生，体育已转向人民大众，开始为劳动生产，国防建设而服务了。"

为迅速扭转师生普遍身体素质不强、体育锻炼意识淡薄的现状，加强体育教育，提高教学效果，学校还成立了军体室和文体委员会，广泛开展群众性体育运动，作为体育教学的补充。军体室抽调非体育教研室教师组成，采用突击工作的方式，建立了生活、学习、业务研究、会议汇报等制度，分成了教材筹划、场地设置管理、教具购置、教材保管、业务联络、集会指挥六个小组。根据体育活动中的各种项目，再进行适当分工，如球类、舞蹈的指导及组织发动师生等。军体室的教员们本身除带领早操、课外活动外，每周担任正课时数，都达二十二小时。文体委员会由工会、学生会、青年团、中苏友好协会、文工团、军事体育室、卫生科组成，下设秘书、体育、文娱、电影、保健集会指挥等部，统一负责全校性文体活动的开展。秉承体育教学为同学服务的理念，教员们都是亲自划场子、修理场子，上课时教员都是亲自把球背去，下课再背回来，这样大大拉近了学生和教员的距离。体育教学中，学校充分利用了能够利用的空地，形式上的不集中，让体育教员和体育活动渗入到同学们的点滴日常学习和生活中，因地制宜、因陋就简，取得了随时发动运动、随地能够运动的良好效果。

在人少、场地欠缺的情况下，军体室还积极参加社会上的体育活动，增强与校外的体育联系。在不到一年的时间中，就与清华大学、燕京大学、辅仁大学[①]、北京大学、

第三届体育运动会
档号：1951-SX12.15-26

① 当时燕京大学、辅仁大学尚未撤销。

体育教研室研究生叠罗汉表演（第三届运动会）
档号：1951–SX12.15–57

师大附中、光华女中、北京市立五中等，进行了球类、器械操、虎伏等表演赛，和“木乃伊”“未名”等当时北京男篮强队开展篮球表演。体育表演会上，不仅是师生代表，连苏联专家和德高望重的吴玉章校长都由始至终地观看表演，全校达到了体育运动的高潮。

通过提高全校上下对体育和体育教学的重视，摸索前进，听取各方面意见，及时总结经验，中国人民大学的体育教学体系迅速建立起来。体育正课、早操、课外活动与群众性文体活动蓬勃开展。体育运动的种类逐渐增多、活动的内容逐步深入、运动技术水平稳步提高，体育运动的理念和需求深入每位师生心中，学校涌现出了一批运动达人，邓帆同学是其中的一员。

1956年10月在全国奥林匹克运动队选拔赛女子800米接力赛中，有一位来自中国人民大学的业余运动员。她就是邓帆，一名大三的学生，她与三名队友一起打破了1955年全国女子800米接力赛的纪录，获得了第二名的好成绩。业余运动员表现很专业，11月3日的《人民大学周报》做了相关报道。邓帆是军人出身，曾经入朝作战，1954年考入中

聂真副校长在参加运动会射击比赛
档号：1958–SX12.15–47

鄧帆打破全國紀錄

我校运动員計划統計系3年級学生邓帆，在参加全国奥林匹克运动队的选拔賽中，她和北京代表队的其他3个运动員一起，在女子800公尺接力賽中，取得了第二名，并以1分51秒3的成績打破了1955年的全国最高紀录，荣获銀質奖章一枚，破全国紀录的金質奖章一枚。（楊明曉）

1956年11月3日《人民大学周报》关于邓帆破纪录的报道
档号：1957–CB12–XB–1

国人民大学。朝鲜战场练就了邓帆的好体能，进入大学后她也不忘锻炼，坚持每天跑步一小时，入学当年就拿到了学校运动会100米跑步的冠军。而后的每年春秋季运动会，邓帆都能斩获奖牌。1955年邓帆代表学校参加了北京大学生运动会，中国人民大学代表队获得总分18分的好成绩，其中邓帆个人所参加项目就获得15分。就这样，表现优异的邓帆同学被北京市团委和北京市体委调去参加运动尖子培训，参加了全国奥运会选拔赛，并获得了骄人的成绩。

邓帆同学是在20世纪50年代学校体育教学和群众性体育运动中成长起来的。自身良好的体能经过科学的指导，在热烈的运动氛围中迸发出惊人的能量。不是每位运动者都有邓帆的体能基础，都能获得如邓帆一样的运动成绩，但是他们都和邓帆一样收获了体育运动的美与力量。体育教学和体育运动唤醒了师生运动意识、创造了更好的运动条件、营造了无处不在的运动氛围，强健了师生体魄，更凝聚了集体主义和爱校荣校的精神。

（胡玲玲）

中国人民大学第一个档案管理办法

1950年10月，中国人民大学正式命名组建，学校档案管理工作随之起步，按照当时“教学与实际联系，苏联经验与中国情况相结合”的教育方针，整个学校的教学管理工作都在学习苏联的先进经验，围绕教学管理工作展开的文书档案工作，也在苏联专家的指导下渐渐步入正轨。在苏联先进经验的指导下，命名组建仅仅半年，学校便正式颁布了第一个档案管理办法——《中国人民大学档案管理暂行办法（草案）》。

档案记载，1951年4月24日，胡锡奎副校长代吴玉章校长签发的第三十六号命令，目的是“为正规秘书工作制度”，同时颁布了三个草案：《中国人民大学文书工作暂行办法（草案）》《中国人民大学档案管理暂行办法（草案）》《中国人民大学关于国家机密资料管理条例（草案）》，要求各单位遵照执行。

《中国人民大学文书工作暂行办法（草案）》明确了学校文书工作“以密切配合教学完成教育计划使工作正规化，以期提高工作效率为总的原则”，特别提到“与苏联教授教学工作有关的文书或章则，除中文外，另译为俄文”。以此彰显学校对苏联专家在工作和教学过程中产生的相关文件的重视。此外，还规定“本校文件由秘书室总收总发，其他各单位不对外行文”。这条规定一直沿用到今天，尽管执行机构的名称几经变化，条目内容依然还在践行。

《中国人民大学文书工作暂行办法（草案）》在明确了学校公文种类和公文流转的各个流程之外，特别提到了一个环节：“归档”。在“缮校、签署、印发、归档”一则中的第七条规定：“文件发出后，应将原稿登记存卷，具体手续，详见‘档案管理办法’”。这说明，学校在命名组建伊始，便十分重视公文的规范管理与科学利用，并由此引出了《中国人民大学档案管理暂行办法（草案）》。

《中国人民大学档案管理暂行办法（草案）》分为总则、档案内容、编目、登记、管理、查卷、附则七个部分。细细读来，正是纸质档案形成的整个生命周期。

“总则”中明确了制定目的：“本校为保存政府教育法令及有关文件，校内章则、历史、教学材料，便于教学查考，并使工作走向正规化，特拟定档案管理暂行办法草案。”这与今时今日学校档案馆的归档范围和工作职责相差无几，体现了先进性和前瞻性，以及彼时对于文书和档案管理的规范性。

由于尚未成立档案管理的专业机构，档案采用各单位分管的办法，由秘书室来监督各单位档案管理工作。需要注意的是，这里的档案指的是“秘书室产生的各类文件和各部系处室的文件、工作总结、学生成绩、教材、讲义及参考资料”。人事档案由人事处档案科单独负责管理。

在“档案内容”中，明确了需要作为档案来保存的文件的范围，分为“属于秘书室者”和“属于各部、系、处、室者”两种类型。“属于秘书室者”包括：政府命令及各处来往文件，属于全校性范围者；校长的命令、决定、通报、通知等；各项条例、章则及教育计划；以秘书室名义发出的文件；会议记录及其他经办文件。属于各部、系、处、室者”包括：校部发布的一切文件；各处径与各该单位的一切文件；各该单位经办的一切文件及开会记录；工作总结、学生成绩及各种表册；教材、讲义及参考资料。这一章，事实上已大致确定了全校各个单位所产生的文件的归档范围。

“编目”的目的是“为便于档案之保管、查考”，采用的办法是“用‘部’‘类’‘卷’‘宗’等名目，系统的编目保管之”。“部”是根据本校对内、对外的收文、发文情况及行文地区，把档案分为“‘中央’、‘教育部’、‘辖内’、‘本市’、‘各省市’等‘部’”，

"'部'以下分'类'，例如'校内部'，按行政单位暂分为'教务'、'研究'、'行政事务'、'人事'、'文书'等六类……'部'、'类'以下按文件性质分'卷'，例如'校纪卷'、'命令卷'、'通报卷'……'部'、'类'、'卷'以下，如有特殊事项，往返多次行文者，可分为'宗'保存之。'部'、'类'、'卷'、'宗'均可用阿拉伯字码，或俄文字母等作代号，以便查阅及登记"。编目的过程便是对档案的分类和组卷，是归档的准备环节。

"登记"部分要求"文件办完归档时，一律登入'归档登记簿'"，登记的要素有"归档日期""事由""'部'、'类'、'卷'、'宗'的代号"，此外，"每一'卷'中置一活页'分卷目录'，填明归档日期及事由，以便查阅"。

对于档案的管理，强调"档案须指定专人保管，注意加锁，不得遗失"。还规定"档案须于每年年终整理装订一次，保管存查。其无长期保存必要者，可报经校长批准，定期烧毁之"。这条实际上是保管期限鉴定的工作内容。

"查卷"是档案的利用环节，因公查卷须填写"调卷单"，注明"该文件案由及调阅时间"，并盖单位公章及个人签名。

"附则"中规定"秘书室定期召开档案管理座谈会，汇报档案管理情况交流经验并研究改进办法"。

《中国人民大学关于国家机密资料管理条例（草案）》，详细规定了机要资料的管理办法，不再详述。

《中国人民大学档案管理暂行办法（草案）》以校长令的形式颁布，足见学校对文书档案工作的重视，尽管在档案的分散保管、档案的编目、归档的范围等方面还有一定的局限性，不过这对于当时不健全的文书处理工作已经

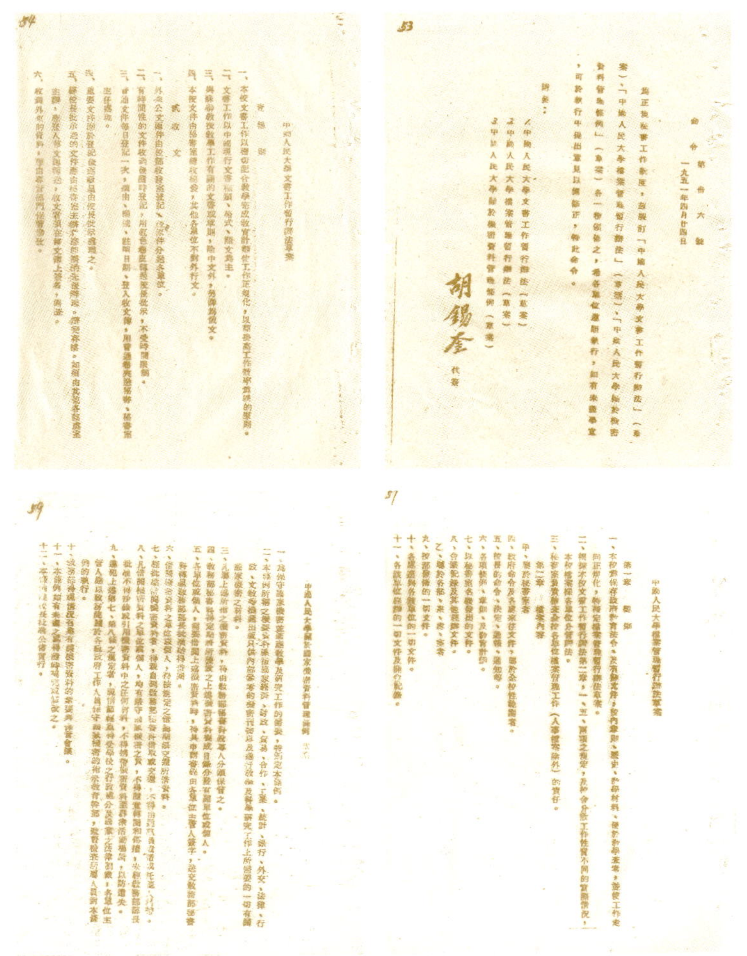

命令 第卅六號

一九五一年四月廿四日

為正規秘書工作制度，茲擬訂「中國人民大學文書工作暫行辦法」（草案）、「中國人民大學檔案管理暫行辦法」（草案）、「中國人民大學關於機密資料管理條例」（草案）各一份頒發之，希各單位遵照執行，如有未盡事宜，可於執行中提出意見以便修正，特此命令。

附表：

1.中國人民大學文書工作暫行辦法（草案）

2.中國人民大學檔案管理暫行辦法（草案）

3.中國人民大學關於機密資料管理條例（草案）

胡錫奎 代簽

公布本校文书工作暂行办法、档案管理暂行办法及机密资料管理条例

档号：1951-XZ11-XB-20.0035

有了很强的指导和规范作用，它标志着学校档案管理工作开始走上正轨。随着文书工作的进一步开展以及档案学科的设立，学校逐渐认识到原有文书立卷的方式和档案分散管理的模式并不利于文件的保管和利用。为了充分发挥文件的作用，规范全校档案的管理，1954年3月，学校正式成立档案馆。从此，学校档案工作开始进入了新的阶段。

（杨文娜）

方兴未艾：建校初期的人大图书馆

中国人民大学图书馆的前身是始建于1937年的陕北公学图书馆，以及后来的华北联合大学图书馆、华北大学图书馆。1950年，伴随着中国人民大学在政务院的发文下正式命名成立，人民大学图书馆正式组建，并随之迎来了建校后的快速发展期。在校领导的关心和支持下，组织结构、人员配备等方面都很快步入体系化、制度化的进程，特别是在业务管理方面取得了史无前例的飞跃，由图书馆主编的《中国人民大学图书馆图书分类法》更是开新中国新型图书分类法之先河。馆际交换不断拓展，馆藏图书日益丰富，取得了令人欢欣鼓舞的成就。珍藏于学校档案馆的部分档案详细记录了这一发展过程。

1950年12月29日，中国人民大学校委会发布关于图书馆工作问题的决定。档案中记载，“校委会指出：图书馆工作是本校工作中一个重要环节，典藏全校图书三万八千多种六十三万五千多册，马列主义的新书与教材占百分之八十以上，适合于培养新的建国人材的应用，这是新型大学图书馆的特点。……现在的图书馆只是新型大学图书馆工作发展过程的第一步，以后还要担负起更繁重更艰巨的工作，因此认真的加强与改进图书馆的工作是必要的”。

校委会关于图书馆工作问题的决定

档号：1950-XZ11-XB-6.0005

从中不难看出，在建校伊始，学校对于图书馆的工作就相当重视。为了尽快让图书馆成为满足教学与科研需要的新型大学图书馆，学校采取了一系列的改进举措。

查阅馆藏档案，1950年学校行政文件《中国人民大学图书馆暂行规程（草案）》中明确了图书馆的任务、组织机构及工作，并要求成立图书馆委员会。档案中记载，“图书馆的任务，是保证教授、教员、其他教学与研究工作人员以及学生等所必需的图书资料，作出科学的图书目录，并负责保管所贮藏之各种图书资料”。文件中还规定了图书馆由选购组、编目组、出纳组、阅览组、资料组等组成的机构设置，人事方面的安排是“设主任一人，副主任二人，在校长、副校长领导下，掌握全馆工作。设秘书一人，协助主任处理日常事务”。

《中国人民大学图书馆暂行规程（草案）》的第三条是关于图书馆委员会的组织规定，“为使图书馆工作与教学研究工作密切结合，成立协商性质的图书馆委员会。除图书馆正副主任外，由校长指定有关各部、科、室负责人五人至七人组成之。该会负责审查图书馆上年度之报告、下年度之工作计划及图书补充计划”。这是馆藏档案中，首次出现

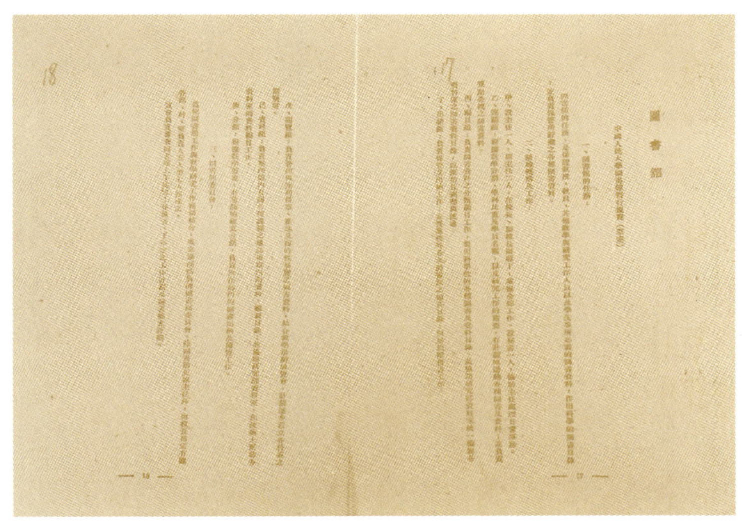

本校图书馆暂行规程（草案）
档号：1950-XZ11-XB-20.0009

“图书馆委员会”一词。1957年3月2日出版的《人民大学周报》第135期中记载，“为充分发挥图书工作对教学与科学研究工作的作用，学校成立图书馆委员会，它的任务为负责审查图书馆年度计划、工作报告、图书补充计划、图书目录工作及讨论为读者服务等重要问题”。图书馆委员会设有主任、副主任、委员共27人，“经图书馆与各系领导协商并由校长办公会议决定，由胡锡奎副校长为主任，郑林庄、杨学通、张照为副主任”。图书馆委员会根据校长的指示，定期举行会议，研究工作计划，改进并发展了图书馆，为建校初期教学与科研工作的顺利进行提供了重要保障。

短短几年中，图书馆在规章制度、组织架构以及人员配备等方面就取得了长足的发展，与此同时，在业务管理方面也寻求着更大的突破。在实际工作中，图书馆发现新中国成立前出版的图书分类法已经不再适用于新图书馆。为了适应中国人民大学图书与资料分类的需要，时任图书馆馆长的张照决定组织队伍重新编辑图书分类法。1951年初，中国人民大学图书馆开始组建编辑图书分类法的队伍，先后参加的有张照、程德清、马志新、胡绍声、乔风、陈国英、于声、许振礼、熊志祥等同志。在编辑过程中，他们不仅学习了苏联托罗帕夫斯基和克列诺夫的图书分类法，还学习了国内山东省立图书馆和东北图书馆图书分类法及国内专家的先进著作，调查了本馆的藏书和服务对象的情况，明确了分类法的对象和任务。编成初稿后征求各方意见，并在馆内资料室先行试用，验证的结果良好。1953年5月，通过综合多方意见，并参考、采用中国科学院图书馆、北京工业学院图书馆关于自然科学和工程技术的分类表，图书馆将《中国人民大学图书馆图书分类法》进行了整理修订，1953年9月正式出版，委托新华书店凭证发行。1953年9月正式出版的《中国人民大学图书馆图书分类法》是由张照、程德清主编，中国人民大学集体编著的一部工具书，它是新中国成立以后第一部比较完整地贯彻马克思列宁主义的新型图书分类法，是我国图书分类法史上一座新的里程碑。

在场馆建设这一硬件问题上，图书馆也得到了学校的关注与支持。建校第一年，图书馆场馆建设就成为人民大学西郊校区校舍规划的第一批项目。1952年11月，占地约为2 050平方米的图书馆落成，第一代图书馆正式投入使用。这座苏式建筑现为“学生活动中心”，是人民大学校园内保存最为完整的平房建筑。硬件与软件均得到较大提升的人大图书馆为全校师生提供了良好的学习环境。1954级俄文系校友林一民在《人大旧事》一文中回忆道，图书馆里经常是“前脚未走，后脚就来”，连周末都座无虚席。图书馆的书籍利用率极高，一些热门书需要再三预约，才能借到。同学们对待知识的渴望就像高尔基所说的：“看到书籍，犹如饥饿的人看到面包似的”。[①]

另一方面，在馆际交换上图书馆也取得了一定成果。除了有计划地进行中文、俄文和其他外文图书购置和国内交换外，还与苏联、保加利亚、蒙古国、朝鲜、越南、波兰、捷克斯洛伐克、匈牙利、罗马尼亚、阿尔巴尼亚、德意志民主共和国等国家的高等学校图书馆建立了交换关系。图书馆的图书交换工作是图书补充的一个重要来源，而且加强了彼此之间的文化交流，增进了两国高校之间的友谊。截止到1955年，图书馆馆藏图书共2 020 719册，其中中文图书560 093册，俄文及其他外文图书124 153册，教材参考书1 289 725册，报纸杂志合订本46 748册。建馆五年来，累计为全校师生出借图书教材与参考资料共计3 390 003册次。

除了规章条例、历史照片与基建图纸，学校档案馆还

---

① 中国人民大学校友工作办公室. 人大往事（1937—2004）：第一卷[M]. 北京：中国人民大学出版社，2005：236.

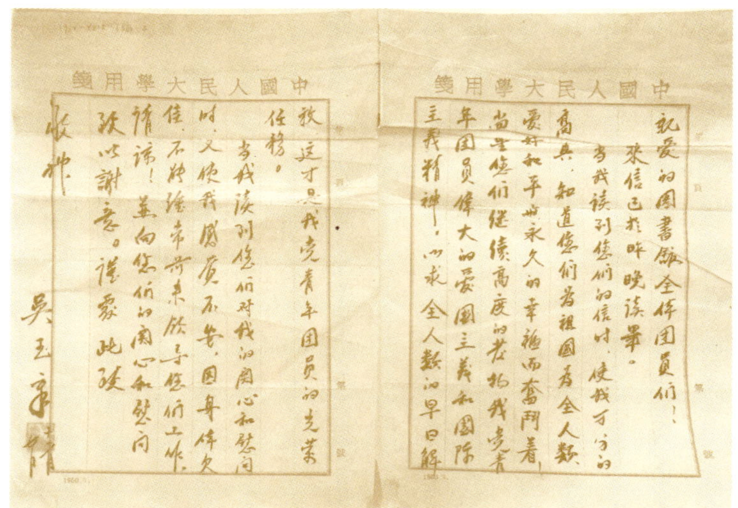
中國人民大學用箋

親愛的圖書館全體團員們！

來信已於昨晚讀畢。

當我讀到您們的信時，使我萬分的高興，知道您們為祖國為全人類愛好和平與永久的幸福而奮鬥着，尚望您們繼續高度的發揚我党青年團員偉大的愛國主義和國際主義精神，以求全人類的早日解放，這才是我党青年團員的光榮任務。

當我讀到您們對我的關心和慰問時，又使我感覺不安，因身体欠佳，不能經常前來協助您們工作，請諒！並向您們的關心和慰問致以謝意。謹覆此致

敬禮

吳玉章

吴玉章给图书馆全体团员的回信

档号：1950-XZ15-TSG-2

保存着大量校领导与图书馆有关的批复与信件。其中一件珍贵档案是1950年12月7日吴玉章校长给图书馆共青团员的亲笔回信，全文共198字，使用的是中国人民大学竖排规格用笺。字数虽不多，却非常振奋人心。在信中，吴老勉励大家，“亲爱的图书馆全体团员们：来信已于昨晚读毕。当我读到您们的信时，使我万分的高兴，知道您们为祖国为全人类爱好和平与永久的幸福而奋斗着!尚望您们继续高度的发扬我党青年团员伟大的爱国主义和国际主义精神，以求全人类的早日解放，这才是我党青年团员的光荣任务”。收到吴老回信的图书馆工作人员备受鼓舞，以更加饱满的精神面貌与高昂的工作热情全身心地投入到工作中去。

建校初期，学校的主要任务是培养社会主义建设人才和提升高等学校的师资水平，图书馆得到了校级领导的关心与重视，在全校各方面的大力支持下，以图书资料全方位地配合教学和科研任务，有力地保证了学校各项工作的稳步推进，积极推动了社会主义教育事业的蓬勃发展。

（周聆）

构筑一个时代的学术记忆

——记中国人民大学书报资料中心

校群英会——校先进集体图书馆卡片组
档号：1960-SX12.11-315

说起“人大复印报刊资料”，人文社会科学学术圈几乎无人不知。今天的中国人民大学书报资料中心已发展成为集期刊出版、数字出版、学术评价、信息咨询、广告业务和教育培训为一体的综合性、跨媒体的现代出版机构和学术信息服务机构，它是如何构筑一个时代的学术记忆的？档案记录了这段传奇。

一、三个机构定出身

1958年5月，为了落实吴玉章校长指示，学习苏联图书馆经验，使用铅印的图书提要卡片，学校图书馆联合北京图书馆，商议共同编印中文新书提要卡片。6月，编印出第一批中文图书提要铅印卡片。卡片内容包括：书名、著译者、出版地、出版日期、版次、册数、页数、开本、定价、内容提要、统一书号、卡片发行号、中国人民大学图书馆图书分类号等。提要卡片向全国图书馆发行，各图书馆按《中国人民大学图书馆图书分类法》的17个大类预订。同年8月1日，中国人民大学图书馆、出版社与北京图书馆组成联合机构，负责编辑、印刷、发行国内出版的中文新书铅印提要卡片。这个联合机构，在名义上直属全国第一中心图书馆委员会，但指定由我校图书馆具体负责领导。1959年2月，中国科学院图书馆也参加了这个联合机构。同时，这个三馆联合机构正式定名为“图书提要卡片联合编辑组”，简称“卡片组”。

1958年秋天，中国人民大学新闻系为开创中国剪报事业，为全国各领域科学研究事业积累和提供资料，对北京各新闻单位和中央各部的资料机构开展了调查，在中宣部和人民日报社一些领导同志的支持和帮助下，成立了剪报公司。剪报公司正式成立于1959年元旦，主要业务是从中央及各省、区、市的报纸中剪辑专题资料，为党政领导机构及教学、科研、生产部门提供情报[①]资料服务，成为新中国社会科学情报服务事业的起点。剪报的选题由订户自订，传递方式为登门专送。此外，还开办了为馈赠国际友人用的礼品《中国剪报》，外国代表团访华时，专门剪辑我国主要报纸对该团活动的报道，精美的缎面封面上贴有烫金天安门图案，由外事部门作为珍贵的礼物送给国际友人。1959年3月23日，中国人民大学提交中宣部的《关于剪报公司移交中华全国新闻工作者协会问题》中记载："今年一月由我校新闻系创办的剪报公司经三个月的试办，效果良好，生产亦基本步入正轨。现剪报公司共有工作人员85人，接收订户110多家，日产资料达12 000页以上（公司本身剪辑的全套资料除外）。根据计算，本月份（三月）即可略有盈余。订户对产品质量及递送速度均表示满意。现订户每天有增无已，各省要求订购资料的来信亦络绎不绝。据此，剪报公司急待发展。但公司如继续由我校领导，困难很大。……最近，我们已商得中华全国新闻工作者协会的同意，由他们接办剪报公司，由我校新闻系协助，特报请中宣部批准。"中宣部于4月7日复函同意此报告。由于剪报形式对报纸的利用有极大的局限性，剪报公司1961年开始尝试开展新的复印资料业务。1962年1月，新建的复印组正式开始向社会供应复印资料。

1962年12月，我校精简机构。经教育部批准，将图书提要卡片联合编辑组、剪报公司和新闻印刷厂[②]三个单位合并成为剪报资料图书卡片社（简称"报卡社"）。图书馆副馆长夏加任报卡社主任，办公用房是铁狮子胡同1号的校舍，其任务是为我校及国内有关单位的教学和科学研究工作提供书报资料。报卡社工作迅速发展，档案记载：

---

① 此处情报指信息、资讯、消息。"情报"作为"信息"意的使用来自日语，如现中国人民大学情报学专业。本文所提"情报"一词均作此理解。

② 新闻系为便于学生实习创办的工厂。

“1964年的1—4月份图书卡片即发行1 787 719张，专题论文提要卡片569 712张，剪报资料528 645张，复印报刊资料18 494 476张，新书情报40 670张，工具书10 966册，订户已达12 000户，比合并时增加60%以上。订户遍及全国各地，各个领域。”报卡社开创了我国社科信息服务社会化的先河。

二、重建报卡社

1966年6月，报卡社全部业务被迫停止。

1978年5月15日，原报卡社主任夏加向成仿吾和郭影秋提交了《关于恢复报卡社工作的报告》，报告表示：“我校报卡社过去为校内外教学与科研工作提供了较为集中、完整的资料，受到各方面的好评。中央决定恢复人大的消息传出后，校内外除了热切希望人大早日复校外，对学校决定恢复报卡社的工作，也很关注，几年来社会科学院领导曾多次让姚黎明同志设法把资料工作搞起来，均因种种原因而没能建成，现闻我校决定恢复报卡社工作，5月13日，姚黎明同志主动找我谈了他们的意见，极希我们能早日为教学与科研工作提供资料，表示愿意大力支援。”在报告中，夏加对报卡社恢复工作涉及的房子、纸张、印刷、经费、职工等相关问题，都做了详细的规划。编印资料方面，准备首先编印发行复印（影印）报刊资料，以应订户的急需。除复印报刊业务外，还拟增加小范围的剪报、专题资料卡片、静电复印文件、缩微资料、外宾纪念资料、外报外刊资料简报，并逐步增加中外图书专题资料业务。同时，报告中还提出把原名“中国人民大学附属剪报资料图书卡片社（简称报卡社）”改为“中国人民大学书报资料社”，体制上采用企业管理。时任校党委书记郭影秋当即同意了此报告，成仿吾校长也做出了“按照影秋同志意见办”的批示。

5月底书报资料社就开始筹建，地址还是在铁狮子胡同1号。在校领导和中国社会科学院的指导下，在只有九个人的情况下，在短短的不到一个月的时间内，就完成了各项准备工作。从7月1日开始，分43个专题，从全国各地近100种报刊上选辑资料，并于7月底印出第一批资料，发到全国。书报资料社筹建工作快速有效，郭影秋党委书记在8月12日视察工作时，提出了“你们条件不好，但是工作很好”的风趣鼓励。到1978年底，回社和调进的人员达79人，设有办公室、财务科、行政科、编辑科、发行科，共一室四科。1979年，书报资料社新增了四种专题资料卡片：《文艺理论》、《中国古典文学》、《语言学》文摘卡片和《中国经济地理》资料卡片；增加了外文刊物复印资料：《世界经济综合资料》《外国工业管理》《外国经济管理》《外国劳动保护》《外国经济文献索引》《人口学》；增加了《参考消息》复印资料和新华社《参考消息》（即“大参考”）复印专题资料；同时，书报资料社还协助新华社做外文报纸资料的编辑工作，及时获得国外相关信息，解决了国内教学与科研单位的急需。为解决印刷和装订问题，书报资料社接收了东四印刷厂。

三、构筑一个时代的学术记忆

1984年12月30日，中共中央宣传部出版局批复，同意书报资料社自1985年起恢复《复印报刊资料》的出口业务。随后，教育部生产供应局亦批复，同意恢复《复印报刊资料》的出口业务。自此许多国外学校和机构从《复印报刊资料》开始认识中国人民大学。

1985年2月16日，中国人民大学向教育部提交了更名报告，经国家出版局根据1985年1月施行的《图书、期刊版权保护试行条例》对其业务性质的确认，“书报社”正式更名为“书报资料中心”。

1985年9月4日，国家版权局同意中国人民大学书报资

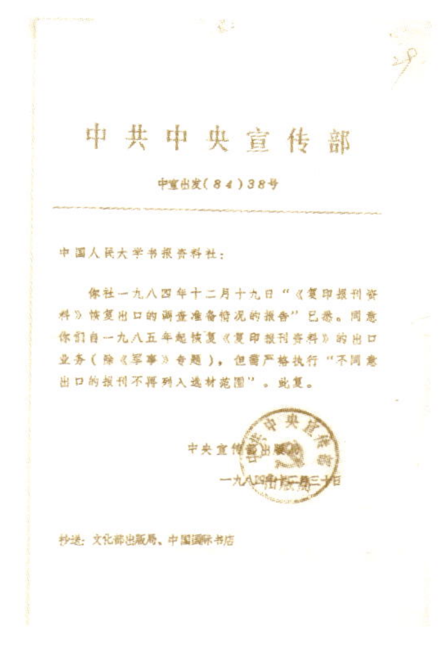

中共中央宣传部

中宣出发（84）38号

中国人民大学书报资料社：

你社一九八四年十二月十九日“《复印报刊资料》恢复出口的调查准备情况的报告”已悉。同意你们自一九八五年起恢复《复印报刊资料》的出口业务（除《军事》专题），但需严格执行“不同意出口的报刊不得列入选材范围”。此复。

中央宣传部出版局

一九八四年十二月三十日

抄送：文化部出版局、中国国际书店

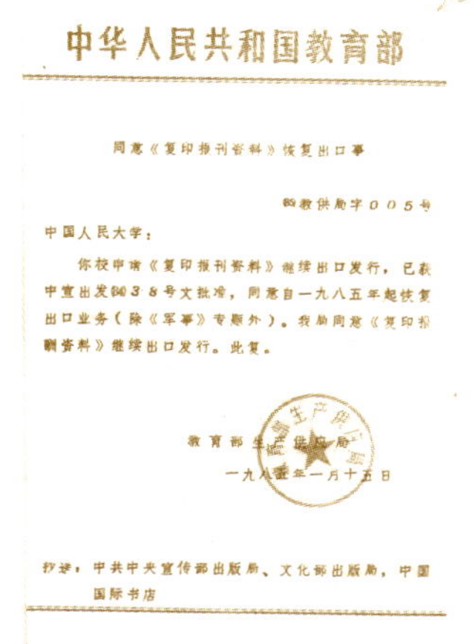

中华人民共和国教育部

同意《复印报刊资料》恢复出口事

85教供局字005号

中国人民大学：

你校申请《复印报刊资料》继续出口发行，已获中宣出发(84)38号文批准，同意自一九八五年起恢复出口业务（除《军事》专题外）。我局同意《复印报刊资料》继续出口发行。此复。

教育部生产供应局

一九八五年一月十五日

抄送：中共中央宣传部出版局、文化部出版局，中国国际书店

中宣部、教育部关于同意《复印报刊资料》恢复出口的文件
档号：1985-CB11-SBZL-A-6

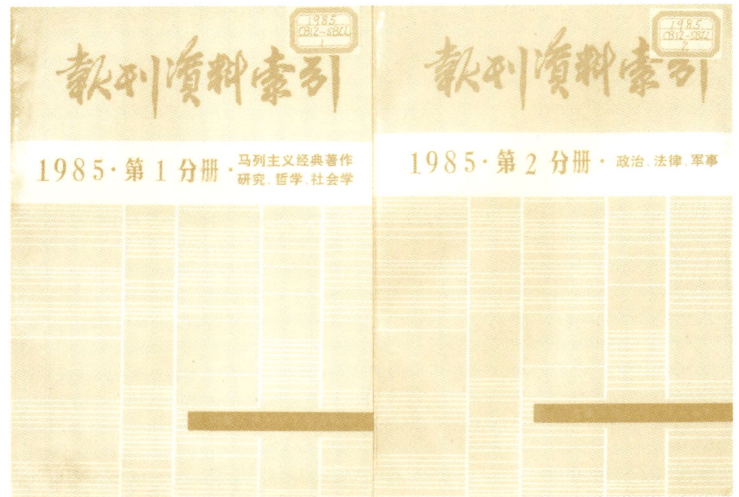

1985年报刊资料索引
档号：1985-CB12-SBZL-1

料中心复印报刊上已经发表的作品享受“国家特许”待遇。“考虑到你校原书报资料社成立以来，一直从事搜集、整理和提供国内中文报刊资料的工作，直接为科研和教学服务，且已正式更名为书报资料中心，我们同意来函要求，今后该中心复印报刊上已经发表的作品，享受‘国家特许’——可不经版权所有者同意，不向其支付报酬，但应说明作者姓名、作品名称和出处，并尊重作者依《图书、期刊版权保护试行条例》第五条规定享有的其他权利。”

1988年书报资料中心创建30周年，选辑资料的报刊达

书报资料中心
档号：1986-SX12.11-7

2 000余种，选编的学科或专辑资料达120余种，其中连续出版的专题资料110种，文摘卡片18种，1988年还出版两种特辑。1987年发行总量达560多万册，从掌握的情报源和服务的情报用户两方面看，基本上覆盖了我国社会科学各个领域，并远销至亚、非、欧、美等地近30个国家。资料信息种类不断增加，1986年发行报刊资料选汇、报刊资料索引、提要文摘卡片、文献对口服务、经济信息与技术信息、国外经济文献索引、《情报资料工作》杂志，至1992年增加了《清史研究》杂志、中国报刊经济信息总汇系列刊、缩微制品等更多品类。还专门聘请50余位专家、学者、教授担任有关专题的顾问，以提高报刊资料筛选与编辑质量。

1987年情报资料订单
档号：1990-CB11-SBZL-1

1998年书报资料中心创建40周年，各类专刊一百几十种。在全文选印性复印报刊资料、检索性报刊资料索引、浓缩性文摘卡片、实用性经济信息总汇四系列的基础上，还提供集中发表首次文献的专业期刊及综合性的文摘期刊。根据需求的个性化，开展文献信息的定题服务和咨询服务。出版物的载体也由纸质印刷品增加到光盘、软盘和缩微平片。开始电子数据库和电子产品的逐步转化。

通过中国知网期刊全文数据库，以“复印报刊资料”为主题对1985—2000年间的期刊文献进行检索，结果显示有220余条。内容涉及《复印报刊资料》的系列体系、功能特点、社会利用、管理开发、对社会科学各专业研究及发展的影响及应用、根据在《复印报刊资料》上的转载量评估个人与期刊及机构等在本专业内的地位和作用、借助《复印报刊资料》做科研选题的研究综述等等。通过这些发表的期刊论文，可以略窥《复印报刊资料》在当时社会科学研究领域的重要地位和作用。《复印报刊资料》收集范围广、覆盖面宽、信息量大，在各类文献信息资料中特色别具，备受读者青睐。一些读者、用户称之为特

1986—1992年征订启事
档号：1992-CB11-SBZL-A-2

种文献、金钥匙、精品大厦，以及刊中之刊，刊上之刊。其有五种特性得到多数研究者认可：一是全面系统性或广泛性，信息量大、体系庞大；二是权威性或学术性、公正性、争论性；三是实用性或补充性、方便性、检索性；四是时效性或新颖性、前言性、时代性、创新性、动态性、应时性；五是集中性或专题性、针对性、选择性。其在功能上大体被归结为保存社科优秀成果，传播科研成果，节约科研时间，引导科研方向，推动社会科学的研究；测定核心期刊，促进出版工作；选文质量较高，并附有引文，成为编制《中文核心期刊要目总览》的重要依据。①

中国人民大学书报资料中心作为国内最早搜集、整理和存储，并提供利用的社会科学情报资料学术机构，被海外人士誉为“中华学术的窗口”“中外文化交流的桥梁”②。

---

① 赵岩．人大《复印报刊资料》研究十年综述[J]．山东图书馆学刊，2002（3）：11-14.

② 蔡莲珍．人大《复印报刊资料》的魅力新探：回顾人大《复印报刊资料》创刊四十周年[J]．图书馆工作与研究，1999（2）：40-42.

构筑时代的学术记忆，书报资料社踏踏实实走出了一条特色之路，而后继的中国人民大学书报资料中心也一直在阔步奋进，书写新的学术记忆。

（胡玲玲）

从速成中学到人大附中

工农速成中学校门
档号：1951–SX12.16–8.0000

工农速成中学的学生们
档号：1951–SX12.15–2.0000

享誉中外的中国人民大学附属中学（简称“人大附中”），始建于1950年4月。人大附中现位于北京市中关村高科技园的中心地带，与中国人民大学仅一路之隔。人大附中建校已有近70年的历史，珍藏于中国人民大学档案馆的档案详细记录着其前身北京实验工农速成中学归入人民大学的历史过程。

北京实验工农速成中学受教育部直接领导，于1950年4月3日举行了首届开学典礼。在当时新中国开始大规模推行工农速成教育的背景下，北京实验工农速成中学，从1950年1月开始筹备到4月开学，仅用了三个月的时间。

新中国成立初期，百废待兴，各级组织和各个行业都对有文化有技术的干部与劳动者存在迫切需求，教育也期待着改造、重建和发展。1949年9月，中国人民政治协商会议通过了《共同纲领》，明确提出“有计划有步骤地实行普及教育，加强中等教育和高等教育，注重技术教育，加强劳动者的业余教育和在职干部教育，给青年知识分子和旧知识分子以革命的政治教育，以应革命工作和国家建设工作的广泛需要”，为新中国教育事业的发展指明了方向。同年12月23日，在北京召开了第一次全国教育工作会议，会议探讨了教育部1950年上半年的工作计划，并在编审中小学教材，争取团结改造知识分子等问题上达成了一致。在这次会议上也讨论了广泛创办工农速成中学的问题，并“要求全国的部队、机关、团体和学校都尽可能地为青年工农，首先是为多年参加革命斗争的青年和成年工农干部，办这样的速成中学。这批工农干部乃是我们祖国最宝贵的财产，我们必须负责将他们培养成为知识分子，培养他们负担建设任务。为着同样的理由，我们应该大量办理工人业余补习教育”。

创办北京实验工农速成中学，目的是多重的，一方面肩负开创探索工农教育“速成”的任务，具有“实验”

的性质，另一方面也是为了解决大学的生源问题。工农速成中学学制四年，办学宗旨是："招收工农学员，给以科学文化教育，使他们达到中等文化程度，掌握基本科学知识，以便升入大学深造，成为新中国的建设骨干。"换言之，就是要为大学招收工农干部，培养有知识、有觉悟的建设者培养预备生源。这是新中国成立后为在旧社会受剥削、受压迫而丧失学习机会的工农大众开辟的一条特殊教育途径，特色鲜明，意义重大。

正因为这样，北京实验工农速成中学的开办受到了党和政府的高度重视，新中国首任教育部长马叙伦、副部长钱俊瑞等出席了首届开学典礼，《人民日报》也就此发表了专题报道。

北京实验工农速成中学的最初校址位于西城区东养马营，由于这所学校在中国工农教育史上的特殊地位，迁校时在新址的选择和建筑标准上都受到格外的照顾，同中国人民大学毗邻，这为学校后来的发展创造了良好的地理条件。1951年3月23日，北京市同意北京实验工农速成中学在京颐公路西侧、中国人民大学新校址以北、黄庄西以南、白房子以东购地50亩（府都地字第36号）；1952年5月16日，北京市同意北京实验工农速成中学在西郊海淀南、现校址以西续行购地25亩（府都地字第62号）；同年7月5日，北京市同意北京实验工农速成中学在海淀南、中国人民大学以北再行续购土地10.3亩（府都地字第219号）。

为了加强大学对中等教育的支持，1952年教育部决定将北京实验工农速成中学划归中国人民大学领导。档案中记载，1952年7月2日，教育部致函中国人民大学，"拟将北京实验工农速成中学移归你校领导"，"工农速成中学今后发展方向是由各大学附设，你校最好也附设一所，学生毕业后直接升入你校大学本科。我部拟将该校移归你校领导，改为你校附设工农速成中学"。中国人民大学在接

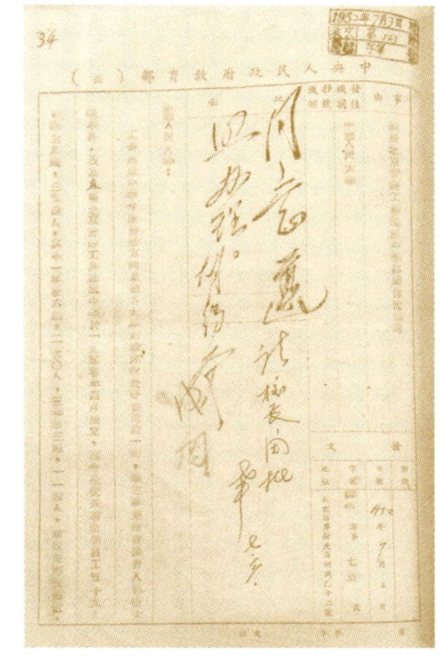

拟将北京实验工农速成中学移归人民大学领导的办法
档号：1952–XZ11–XB–11.0009

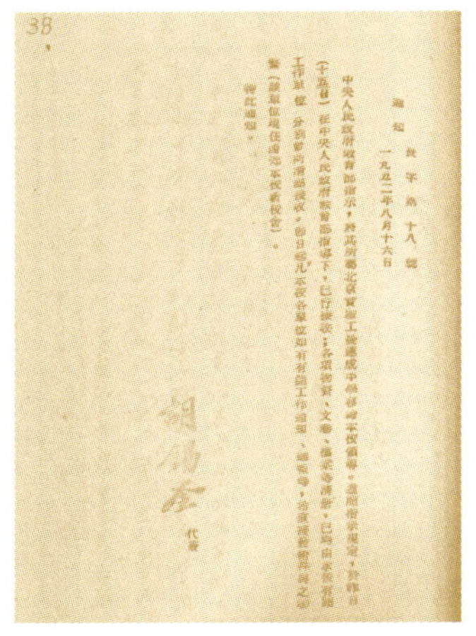

为北京实验工农速成中学移归本校领导的通知

档号：1952-XZ11-XB-11,0011

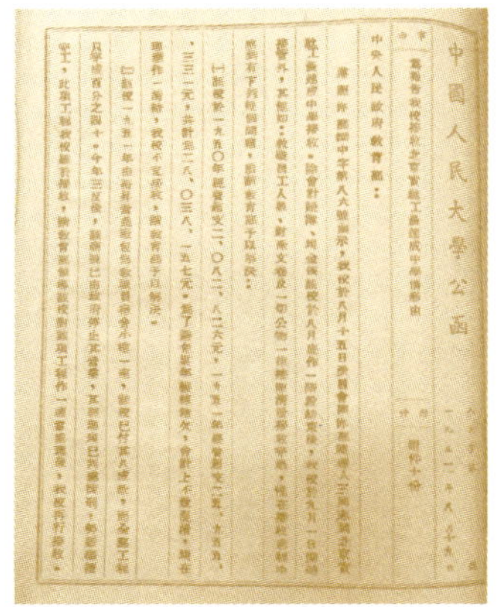

为我校接收北京实验工农速成中学情况报告

档号：1952-XZ11-XB-11,0012

到任务后迅速部署，在教育部有关人员的指导与配合下，于1952年8月15日完成相关各项物资、文卷以及档案清册的接收工作。8月16日，中国人民大学在全校范围内发出《为北京实验工农速成中学移归本校领导的通知》，通知各单位，“中央人民政府教育部指示，将其所属北京实验工农速成中学移归本校领导。……即日起，本校各单位如有有关工作通知、通报等，希直接发给并与之联系。”8月19日，中国人民大学致函教育部，就北京实验工农速成中学的接收工作做情况说明与相应的问题汇报。

北京实验工农速成中学同中国人民大学原有的工农班合并，改称中国人民大学附设工农速成中学（以下简称“附中”）。老校长吴玉章对附中极为关心，曾多次前往附中指导工作。工农速成中学创办之初，学生不多，之后逐年增加，到1963年工农班结束时共培养了2 400多名学生。其中最知名的有当时的全国劳动模范郝建秀、李凤莲、杭佩兰、陆阿狗，还有文化战士高玉宝，炮兵英雄周天才以及我国第一次登上珠穆朗玛峰的登山英雄屈银华等。

在这些知名校友中，出身贫寒、摸索出全国推广的“郝建秀工作法”、后任全国政协副主席的郝建秀同志，是在吴玉章老校长的推荐下与速成中学结缘的。吴玉章老校长本来是想吸收郝建秀直接进入人民大学读书，但郝建秀同志认为自身文化基础差，选择到速成中学就读。吴玉章校长热心帮助郝建秀克服困难，曾把她邀请到自己家中，专门给她做重点辅导。他多次亲切地鼓励郝建秀说：“你的困难一定不少，尽管提出来，我们会帮助你解决的。不要着急，以后逐渐走上轨道就好了，我相信你一定能学好。还要注意身体，参加体育锻炼，将来有了文化科学知识，又有了健康的身体，就能为国家建设做出更大的贡献。”谆谆教导，和蔼可亲，这位老校长更像是一位亲切的爷爷。

郝建秀同志在采访中回忆自己在母校学习的几年时，对老校长和师生们对她的帮助都很感念。她说道，那是“自己一生中很重要的一段”，在校期间“我们师生之间就像一家人似的”，学到的东西“为自己以后深造和工作打下了很好的基础”。她激动地说：“太值得回忆了，太值得留恋了，太难忘了！”她对母校深厚的思念和感激之情，令人动容。这也体现出工农速成中学对学生的栽培与关爱，是毋庸置疑、令人难忘的。

不只是知名校友，工农速成中学的学生整体政治觉悟高，劳动习惯好，尊师爱校，学习刻苦，为人大附中树立了良好的校风与学风。

时至今日，人大附中的办学成绩依然得到社会的普遍赞誉，这都离不开工农速成中学传承的优良传统与打下的坚实基础。

（周贻）

校徽历史谈

第一代校徽

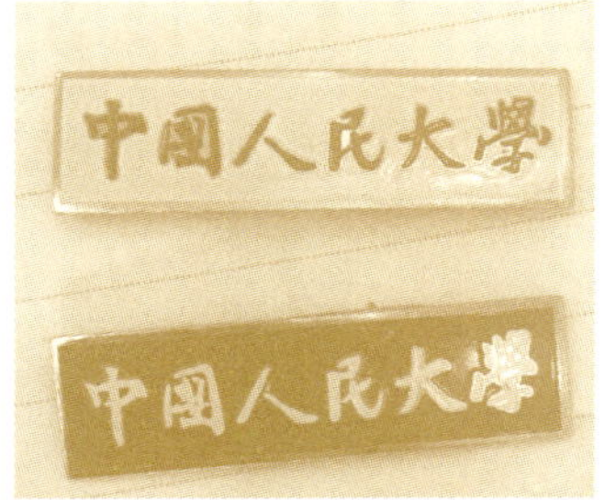

校名集字校徽

圆形篆书人字校徽

校徽，是教师和学生身份的标识。虽然校园卡的通行，已使校徽的实用性尽失，然而由于其承载着特殊的纪念意义，校徽，永远都能在师生心中唤起温暖的记忆，具有沉甸甸的分量。

现在中国人民大学通用的校徽有两种，一种是圆形篆书人字校徽，另一种是长方形的校名集字校徽。“中国人民大学”六个字集自吴玉章校长手书。圆形校徽图案源于广为熟知的“圆形篆书人字图案”校标，2002年开始使用，此校徽是以三个并列的篆书“人”字图形为主体，配合学校中英文校名全称及建校时间。长方形校徽的形式始于1950年。校名的书写体经历了四次变化，先后是毛泽东集字、郭沫若题字、华国锋题字及现在使用的吴玉章集字，校徽也随之相应变化。

1950年学校成立之初，校名字样选用的是毛泽东集字：“中国”二字，选用的是《中国青年报》报名题字中的“中国”二字，“人民”来自《人民日报》报名题字中的“人民”，而“大学”则采用的是北京大学校名题字中的“大学”。银底、红字校徽是中国人民大学成立以来的第一代校徽，当时校徽称作证章，在1950—1953年使用，学生和教职工共用一种证章，佩戴证章是人大人的象征。

学校非常重视证章的佩戴事宜，1950年4月30日制订了《中国人民大学证章佩戴使用办法》，10月23日予以修订，并由吴玉章、胡锡奎、成仿吾联合署名，颁布了人大字第八十七号令《关于重视学校证章的通知》，要求将修订后的《中国人民大学证章佩戴使用办法》发至各单位，以便遵照执行。此通知还刊登在1950年11月25日出版的《人民大学周报》上。具体内容如下：

关于重视学校证章的通知

本校证章为我学工人员之识别标志，每个人员均应予以尊重与爱护，不得损坏遗失，业于本年四月三十日订有《中国人民大学证章佩戴使用办法》发至各单位遵行在案。惟近数月来，经发现不少同志对于证章不够爱护重视，至屡有遗失现象，从五月到现在遗失证章登报声明作废者计七十三人，有遗失后多至五六日不报告者，有借与他人佩戴或故意不按规定佩戴者，甚至有购买绒衣以证章抵押欠款的事情，这些都是违犯纪律的，个别的更是败坏学校声誉与丧失革命品质的行为，兹为整顿校纪与严加管理计，再修正《中国人民大学证章佩戴使用办法》，今后凡再有无故遗失证章情节严重者，以违犯纪律论，根据实际情况予以适当处分，并规定现有学工人员证章重新登记一次，今后按月填送月报表，以便检查。

兹附《中国人民大学证章佩戴使用办法》，望切实传达执行，特此通知。

吴玉章　胡锡奎　成仿吾

1950年10月23日

馆藏档案存有《对违反学校“证章佩戴使用办法”人员进行处分的命令》，可见证章的佩戴和使用在当时是关乎学校声誉、师生形象的大事，必须严肃对待。

为了便于区分学校人员的身份，1952年学校提议重新设计证章，从馆藏证章图标初稿得知，当时共设计出四个样式，分别是白漆底黑字金边、红底金字金边、白漆底金字金边红五星、红底金字金星金边。经过讨论，最终确定红底白字样式由工作人员佩戴使用，白底红字样式由学生及研究生佩戴使用，学校也专门为家属设计了证章。

新设计的证章1954年开始使用，1954年学校对《中国人民大学证章佩戴使用办法》进行了相应修订。条例强调学生与工作人员应按规定分别佩戴使用证章，不得混用。

1956年，中央规定不再允许使用国家领导人的字拼牌

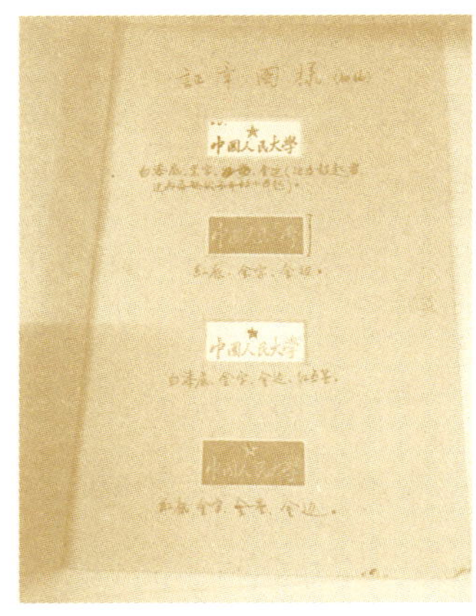

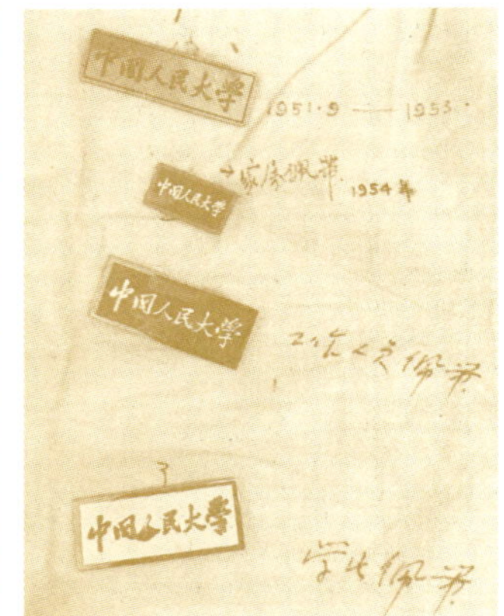

证章图样（初稿）及确定的四款校徽
档号：1953-XZ11-XB-1

中国人民大学证章佩戴使用办法
档号：1963-XZ11-XB-5

给新生佩戴校徽
档号：1957-SX12.15-2

中国人民大學

现用中国人民大学校名书写体字样
档号：1984-XZ11-XB-8

匾，胡锡奎副校长请吴玉章校长为校名题字，吴玉章校长则转请郭沫若同志为中国人民大学另行书写校名。郭沫若时任政务院副总理兼文化教育委员会主任，社会各单位请其题字非常普遍。郭沫若的书写体校徽从1957年一直用到“文革”中学校停办。

1978年复校后，成仿吾校长向中央请示，请华国锋书写校名。华国锋的题字由当时教育部部长刘西尧亲自送来。校徽亦随之改用华国锋书写体后分别由人事处、学生处为教职工、学生制作。1979年3月，校办颁布了《关于恢复佩戴校徽问题》的通知，华国锋书写体一直用到1982年。

1982年，张腾霄副校长主持召开校长办公会，决定从老校长吴玉章手书中摘出“中国人民大学”六字作为校名书写体字样。新校徽1983年9月20日起开始使用。1984年1月，学校正式宣布，“原校徽作废，各单位收回上交学校，学校规定新校徽分三种颜色，教职工的为红底白字，研究生的为桔黄底白字，本科学生的为白底红字，要求各单位按各类人员分别造册到人事处或学生处办理更换手续”。

一方小小校徽，几多爱校情深。

（王芳）

述校址变迁，品时光印迹

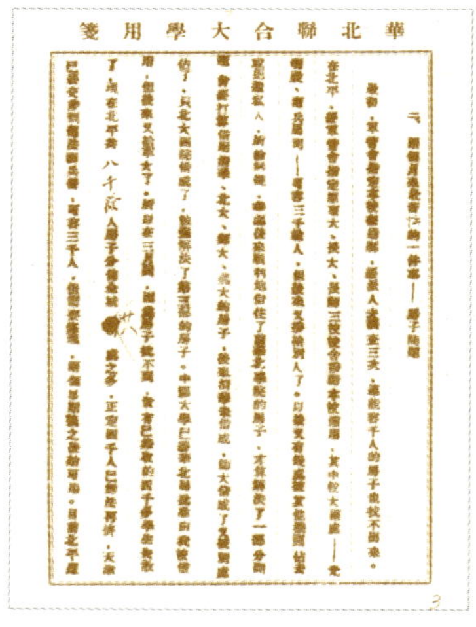
華北聯合大學用箋

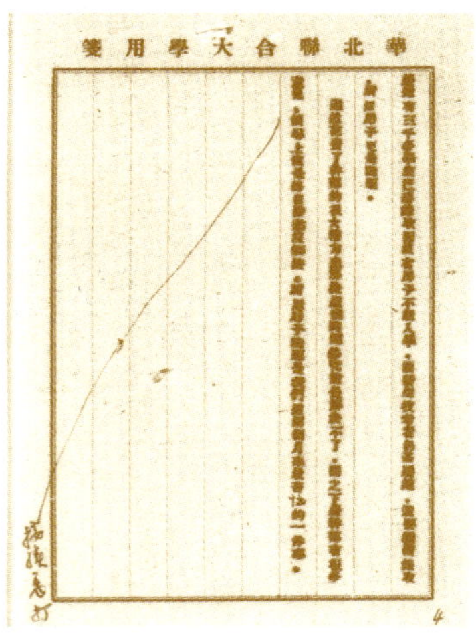
華北聯合大學用箋

华北大学1949年3、4月份综合报告
档号：HBDX–XZ11–7.0012

1949年平津战役胜利结束，北平和平解放，党中央机关及政府有关部门开始迁入北平，3月华北大学在中央的要求下也积极准备向北京搬迁。初入北京，没有校舍，只能租用房子。由于当时各单位都在争取房子，房源非常紧张。从一份华北大学3、4月份综合报告中可以看到，当时房子问题已经成为仅次于招生的第二大问题。已经看好的房子又由于各种原因分配给了别的单位或者被收回，房子成了影响一部分学生入学的大难题。

在成仿吾老校长的回忆录中也提到了初入京时找房子的困难。学校入京之前，成校长先入北京，为学校落实房子的事情到处奔走，最后看妥了铁狮子胡同、东四六条、蓑衣胡同、海运仓等几处房子。在搬迁过程中海运仓的房子发生了问题，当时房子被一个机关训练班占用，迟迟未能腾出，华北大学的师生又即将来京，开课在即，后来由刘少奇同志亲自协调才得以解决。5月，为了解决北京房子不够的问题，学校在天津、正定各办了一个分部，华北大学天津分校校址原在特一中学，后迁东局子分校。1949年8月和12月，天津和正定分校相继撤回北京。当时中国人民解放军准备打过长江去，需要大批干部随军南下，学校遵循中央的方针重点招收短期训练班，学员大量增加，北京没有一处房子可以同时容纳几千人，所以学校只能分散在多处。

1949年12月11日，中共中央政治局做出《关于在北京成立中国人民大学的决定》，中国人民大学开始筹备，房子的分配问题成为筹备工作的重点之一。从1949年12月30日的《关于人民大学筹备工作的报告》中可以看出当时的学校领导已经考虑到房子的分配问题并多次汇报。报告中讲道："1. 专修班二〇〇〇人住铁狮子胡同一、二号，用两层的双人床可勉强安置。……2. 本科一四〇〇人分住于政法大学与拈花寺，政法大学可住一〇〇〇人（现在政法大学住一二〇〇人，但教室都住满了人），拈花寺可住四〇〇人，但政法大学第二部需五个月以后始能毕业，所以准备先将所有本科学生暂集中正定学习俄文。3. 附设之政治研究所与俄文专修班住于革大。这样，学生与工作人员均可勉强安置，惟无苏联教员住处。日前政府成立专家招待处，但关于苏联同志住房问题于昨日始由房管会最后决定购买，正在进行中，但何日买到尚成问题，现苏联同志已陆续来京，经与专家招待处谈好暂住六国饭店，但不能久住。这个房屋问题应尽速解决。特此报告并望指示！"可见初入北京房子的紧张程度。

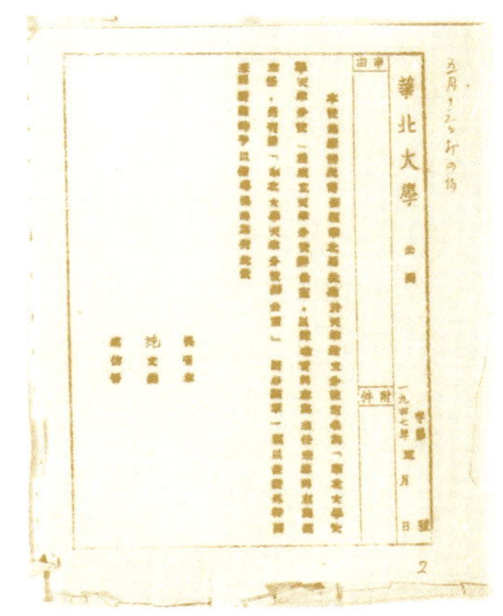

华北大学关于成立天津、正定分校的通知

档号：HBDX-XZ11-7.0012

关于人民大学筹备工作的报告

档号：1950-XZ11-XB-1.0001

后来确定的校舍集中在东城区和西城区的一些胡同之中。其中主要的几处为：

铁狮子胡同，即现在的平安大街张自忠路3号，1949年由中央分配给华北大学作为校舍之一，是学生上课和住宿的主要地点，初入北京的华大一部的一部分就住在这里。

东四六条38号，在清末是慈禧太后的宠臣崇礼的府邸，后期由长白师范学校使用，1949年华北大学进京后接管了这所宅院。

蓑衣胡同，位于东城区西北部，东起南锣鼓巷，南至

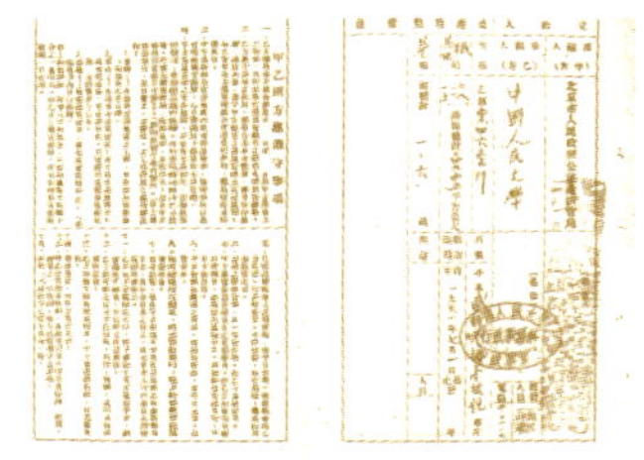

公用房地产租赁契约——东四六条39号

档号：1951-XZ14-14.0001

公用房地产租赁契约——蓑衣胡同6号

档号：1951-XZ14-14.0002

福祥胡同，北邻雨儿胡同，呈曲尺形。也是当时学校在北京市登记注册的地址之一。

海运仓，1912年朝阳大学在海运仓建立，1949年8月改称中国政法大学，后来并入华北大学。

先农坛，位于北京市西城区东经路21号，正阳门西南，与其东面的天坛建筑群相对应，建于明永乐四年至十八年（1406—1420年）。1949年3月左右华北大学二部设在先农坛。

东厂胡同，东起王府井大街，西止东皇城根南街，南与安居里相通，北与东厂北巷相通。1949年3月范文澜带领华大四部也就是历史研究室入驻此处。

南锣鼓巷，北起鼓楼东大街，南至平安大街，1949年华北大学工学院曾入驻此处。

钱粮胡同，东起东四北大街，西至大佛寺东街。华北大学工学院曾从南锣鼓巷迁至这里。

织染局胡同，位于东城区西部，东起水簸箕胡同，西至东板桥街，南与后局大院相通，北邻北河胡同。1952年春，教材出纳组搬到织染局胡同一个大院办公，1953年搬到拈花寺。

拈花寺，位于西城区大石桥胡同61号。从1953年开始一直由学校印刷厂使用，直至2014年腾退移交给北京佛教学会。

百米斜街，位于西城区东北部，东起地安门外大街，南至地安门西大街。1949年上半年，法律外交教研室从其所在的鸦儿胡同，搬到百米斜街。

校医院最初在东城交道口东南的马将军胡同。

从学校各类档案和老一辈的回忆中，我们还知道曾经的校舍有棉花胡同、府学胡同、方家胡同、鸦儿胡同、菊儿胡同、东四皇姑院、东四七条、东四九条、东四十条、东四十一条、东四十二条、宣武门内国会街、班大人胡同、沙井胡同、东皇城根、关家大院、忠老胡同、船板胡同、东高房、财神庙、黄米胡同、嘎嘎胡同等。

1950年1月，党中央下发了《关于成立中国人民大学的指示》，要求各中央局、分局令各级党委保证人民大学招生完满成功。3月13日，中国人民大学首次招收的本科生在铁狮子胡同校舍正式开课，华北大学胜利完成使命。

从1950年档案馆藏的一系列行政会议记录可以看到，因当时校舍分配到多处，房子分配问题成为每次会议的重要议题之一，加上招收学生数量也在迅速增加，再购买或租赁城内房子已经不符合办学要求，学校急需新的集中办学的校址，因此学校向政务院请示后，于9月初步将新校址定在西郊海淀以南、京颐公路以西、魏公村以北、长春桥以东，也就是现在校址——中关村大街59号。在接下来的两年中，在新校址陆续修建了红一、红二、红三等宿舍楼，教学楼（求是楼），大饭厅，大教室，等等。1951年8月15日，西郊部分新校舍落成。外交、法律、俄文三系开始由城内迁往西郊，8月31日学校举行西郊新校址落成典礼，吴玉章校长出席。不过学校是否就此定址西郊仍然存疑。

1953年国家开始了第一个五年计划，文教事业建筑任务相对缩减，当时西郊建设再盖房屋也受到客观条件的限制，北京市也未最后确定人大的校址是在西郊还是市内。9月，北京市政府以建管地字第〔五三〕号批复，重新确定新的永久校址在城区大佛寺一带，为一长方形地带，东至南吉祥胡同，西临大佛寺西街，南至马市大街，北至铁狮子胡同。从1954年的档案《本校之舍设计大纲及基本建设计划初稿（大佛寺校址）》可以看出学校根据当时的组织机构和人员情况，从教工宿舍、教学建筑、图书馆、实验室等方面对校园进行了详细的设计。但这一计划在居民和机关迁移、安排周转房问题上却遇到了不小的困难，后来又意识到大佛寺处于市内繁华地区，三面为主要马路，居民密度很大，不适于教学又很不经济，经北京市同意又改为海运仓一带。

1957年，人民大学的校址经高等教育部同意最终确定在西郊，校舍和教学中心逐步向西郊集中，城内的房屋换出给其他单位，以换取建筑面积和投资方式。从《与中医学院、市教育工会、轻工业部科学研究院等单位换房协议书》（档号：1957-xz14-7）中可以看到当时与中医学院、市教育工会、轻工业部科学研究院、市教育局的换房具体协议。换房协议的内容包括协议双方的调换的具体地点、面积、基建、经费、施工等。与北京中医学院的换房协议中可以看到“北京中医学院因急需解决校舍问题，人民大学的校址经高等教育部同意确定在西郊，城内房屋需要换出，因此双方在自愿两利的原则下，各经上级机关批准，达成以下换房协议”。北京中医学院用建筑面积21 000平方米交换人民大学海运仓26 600平方米；基建任务分两次将经费、材料、图纸等交付人民大学；人民大学应尽快在新地址开工建设，在1958年3月中旬交付海运仓房子给中医学院；1958年暑假开学之前人民大学海运仓居住的学工人员全部转移到西郊。

1957年10月10日《人民大学周报》第三版刊登《学校基本建设情况》一文，对换房情况进行了报道。报道中说：“学校校舍，长期分散在四十八处，对教学及行政工作，影响很大，全校学工人员不断提出意见，渴望校舍尽速集中，以利全校各项工作，上学期经请示高教部，确定我校永久校址仍建在西郊。城内现有房屋，除租用私人房产14处租用北京市管公产2处及代管产一处外，已经换出26处，共达成四起换房协议。”文章对四起协议的具体换房地址及面积进行了详细记述。从此，中国人民大学就在西郊双榆树扎根下来，延续至今。

从北京东西城的大街小巷到西郊校园，留下的多处人民大学旧址，体现着学校紧跟党的要求和国家发展步伐，始终艰苦奋进的印迹。很多旧址至今仍然是全校师生，甚至是社会公众进行红色教育的场所，是中国人民大学作为新中国高等教育探索典范的历史体现。

（曾蒙田）

图录

第一次校务会议记录　/2
第一次集体办公会议记录　/4
关于召开第一次校委会给吴玉章的会议通知　/5
《中国人民大学校刊》创刊号（清样）　/7
中国人民大学校委会暂行条例　/8
《关于中国人民大学教学经验座谈会准备提纲》　/11
《中国人民大学校庆三周年纪念特刊》封面　/12
中央人民政府高等教育部关于召开全国财经教育会议及中国人民大学教学经验讨论会的通知　/13
中央高等教育部委托本校筹备四月会议（财经、政法教育会议，中国人民大学教学经验讨论会）内容表　/14
1954年3月5日提请高等教育部审批的《中国人民大学教学经验讨论会会议日程表》　/15
1952年学校领导、教员与苏联专家合影　/18
《关于聘用苏联专家若干基本经验总结》　/21
顾问菲力波夫对学校工作的十点临别意见　/25

《中国人民大学关于苏联专家工作的检查报告》 /26
苏联专家果戈里登记表 /28
吴玉章校长在第一次学生大会上的讲话（底稿） /31
吴玉章校长在 1955 年毕业典礼上的讲话 /34
郭影秋关于刘少奇同志在开学典礼上的讲话（记录整理稿）和吴玉章校长在第一次学生大会上的讲话（底稿）的批示 /40
重工业部、人民大学工管系互助协作协定 /43
1951 年 2 月 16 日，胡锡奎副校长给刘少奇同志上报的报告 /45
以米哈伊洛夫为首的苏联青年代表团在欢迎会主席台合影 /50
中国人民大学文工团欢迎苏联青年代表团演出会场 /51
世界民主青年联盟代表团来校参观 /51
匈牙利访华代表团与校长握别 /52
外国朋友来校访问 /54
胡锡奎陪外宾参观图书馆 /55
古德廖佐夫同志离校归国前临别讲话整理稿（部分） /58
中国人民大学教务部工作条例 /66
中国人民大学研究部工作条例 /67
秘书室工作条例 /69
中国人民大学组织系统表（草案） /70
关于研究生学习的决定 /72
1950 年俄文教研室第一批研究生与导师契维克娃教授在校门口合影 /73
中国人民大学与华北纺织管理局订立的生产实习合同 /84
中国人民大学是怎样进行成绩考查的 /85
1956 年中国人民大学马克思列宁主义研究班招生简章 /90
校报刊登的关于俄文专修班举行初试的新闻 /96
俄文专修班第一次测验成绩及试题（部分） /97

俄文专修班军事体育设备、耗材、场地预算表 /98

1952—1953 学年本科各系政治、文化、业务各科课程时间分配表 /99

第一份体育教学计划 /104

体育教学采用苏联“四段教学法” /106

第三届体育运动会 /108

体育教研室研究生叠罗汉表演（第三届运动会） /109

聂真副校长在参加运动会射击比赛 /110

1956 年 11 月 3 日《人民大学周报》关于邓帆破纪录的报道 /110

公布本校文书工作暂行办法、档案管理暂行办法及机密资料管理条例 /115

校委会关于图书馆工作问题的决定 /118

本校图书馆暂行规程（草案） /119

吴玉章给图书馆全体团员的回信 /122

校群英会——校先进集体图书馆卡片组 /124

中宣部、教育部关于同意《复印报刊资料》恢复出口的文件 /127

1985 年报刊资料索引 /128

书报资料中心 /128

1987 年情报资料订单 /129

1986—1992 年征订启事 /130

工农速成中学校门 /134

工农速成中学的学生们 /134

拟将北京实验工农速成中学移归人民大学领导的办法 /135

为北京实验工农速成中学移归本校领导的通知 /136

为我校接收北京实验工农速成中学情况报告 /136

第一代校徽 /140

校名集字校徽 /140

圆形篆书人字校徽 /140

证章图样（初稿）及确定的四款校徽　/142

中国人民大学证章佩戴使用办法　/142

给新生佩戴校徽　/142

现用中国人民大学校名书写体字样　/143

华北大学 1949 年 3、4 月份综合报告　/146

华北大学关于成立天津、正定分校的通知　/147

关于人民大学筹备工作的报告　/147

公用房地产租赁契约——东四六条 39 号　/148

公用房地产租赁契约——蓑衣胡同 6 号　/148

图书在版编目（CIP）数据

人大·档案·记忆. 第二辑 / 中国人民大学档案馆编. —北京：中国人民大学出版社，2019.9
ISBN 978-7-300-27180-4

Ⅰ. ①人… Ⅱ. ① 中… Ⅲ. ①中国人民大学–校史 Ⅳ. ① G649.281

中国版本图书馆 CIP 数据核字（2019）第168455号

人大·档案·记忆
第二辑
中国人民大学档案馆　编
Renda · Dang'an · Jiyi

出版发行	中国人民大学出版社		
社　　址	北京中关村大街31号	**邮政编码**	100080
电　　话	010–62511242（总编室）		010–62511770（质管部）
	010–82501766（邮购部）		010–62514148（门市部）
	010–62515195（发行公司）		010–62515275（盗版举报）
网　　址	http：// www. crup. com. cn		
经　　销	新华书店		
印　　刷	北京宏伟双华印刷有限公司		
规　　格	185 mm × 260 mm 16 开本	**版　　次**	2019 年 9 月第 1 版
印　　张	10 插页2	**印　　次**	2019 年 9 月第 1 次印刷
字　　数	150 000	**定　　价**	68.00 元